Die steuerfreien Erneuerungsrücklagen und die Abschreibungen wegen Überteuerung

Dargestellt und an Hand zahlreicher Musterbeispiele erläutert

von

Dr. Rudolf Wassermann und Dr. Walter Mahlberg

Rechtsanwalt und Syndikus in München

Professor a. d. Handelshochschule Mannheim

1921

München, Berlin und Leipzig

J. Schweitzer Verlag (Arthur Sellier).

Die steuerfreien Erneuerungsrücklagen und die Abschreibungen wegen Überteuerung

(Verordnung zur Ausführung des § 59 a des Einkommensteuergesetzes vom 25. Juli 1921 und Dienstanweisung hiezu vom 5. August 1921)

Dargestellt und an Hand zahlreicher Musterbeispiele erläutert

von

Dr. Rudolf Wassermann und Dr. Walter Mahlberg

Rechtsanwalt und Syndikus in München

Professor a. d. Handelshochschule Mannheim

1921

München, Berlin und Leipzig

J. Schweitzer Verlag (Arthur Sellier).

Druck von Dr. F. P. Datterer & Cie., Freising-München.

Vorwort.

Die Einkommensteuernovelle vom 24. März 1921 hat erstmals eine Berücksichtigung der Überteuerung sowohl im Hinblick auf die Werte, die seit Eintritt der Geldentwertung beschafft worden sind, als auch im Hinblick auf zukünftige Ersatzbeschaffungen gebracht. § 33a sieht gegenüber aufgeblähten Beschaffungspreisen eine Bewertung nach dem „gemeinen Wert" vor und gestattet dementsprechende **Abschreibungen**, § 59a regelt die Frage der steuerfreien **Erneuerungsrücklagen** (Werkerhaltungskonten, Überteuerungsrücklagen).

Da das Gesetz jedoch die Ausgestaltung dieser Vorschriften (unmittelbar nur des § 59a, mittelbar aber auch des § 33a) in einer bisher nicht gewohnten Ausdehnung dem Reichsfinanzminister überließ, konnte bisher keinerlei Klarheit obwalten, welche Rechte dem Steuerpflichtigen zustünden.

Diese Klarheit hat erst die VO. zur Ausführung des § 59a vom 25. Juli 1921 in Verbindung mit der hiezu ergangenen Dienstanweisung des RFM. vom 5. August gebracht, so daß es, bei der außerordentlichen Bedeutung der Materie nicht unerwünscht schien, eine Ausgabe dieser Vorschriften mit Erläuterungen zu veranstalten (s. S. 18 Anm. 3).

Literarische Hilfsmittel standen dem Unterzeichneten nach der rechtlichen Seite hin nur in geringem Maße zu Gebote.

Zu nennen ist ein Aufsatz vom R.-A. Dr. Mainzer (Darmstadt) in der „Schuhfabrikantenzeitung" vom 21. Aug. 1921, der sich besonders durch gut gewählte Beispiele auszeichnete. Die den gleichen Gegenstand behandelnde Schrift von Erler-Koppe konnte nur noch gelegentlich benutzt werden.

Dagegen ist das bereits fertiggestellte Manuskript des II. Teils nach Kenntnis der Dienstanweisung nochmals einer Umarbeitung unterzogen worden, so daß diese — was leider Erler-Koppe nicht mehr möglich war — organisch in die Erläuterungen eingearbeitet werden konnte.

Eine wertvolle Bereicherung erfuhr die Arbeit dadurch, daß die Steuerauskunftsstelle des Reichsverbands der Deutschen Industrie mir unveröffentlichtes einschlägiges Material (siehe Anm. 4 zu § 59a S. 18) zur Verfügung stellte, wofür ihr hier Dank gesagt sei.

Dank schulde ich auch Herrn Professor Dr. Mahlberg, der als Sachverständiger an den Gesetzesvorarbeiten teilgenommen hat, dafür, daß er den von mir bearbeiteten 2. Teil einer Durchsicht unterzog und mich mit wichtigen Ergebnissen der Vorberatungen im Reichsfinanzministerium und im Reichstagsausschuß bekannt machte.

München, Oktober 1921.

Rechtsanwalt Dr. Rudolf Wassermann.

Inhaltsübersicht.

I. Teil.

Die wirtschaftliche Bedeutung des § 59a EStG. und sein Verhältnis zu § 33a.

Von **Dr. Walter Mahlberg,**
Professor an der Handels-Hochschule Mannheim.

1. Die Einflüsse der Geldentwertung zeigen sich besonders störend bei der Gewinnberechnung wirtschaftlicher Betriebe, sei es, daß man die Gewinnrechnung als Gegenüberstellung der aufgewendeten Kosten und der erzielten Leistungen aufmacht, oder sei es, daß man den Vermögensstand am Ende des Jahres mit dem Stand am Anfang vergleicht. Auch die dritte Gewinnberechnungsart, die sich als Mischung der beiden erstgenannten darstellt, nämlich die Gegenüberstellung von Einnahmen und Ausgaben unter Berücksichtigung der Veränderungen des Betriebsvermögens, wird durch die Folgen der Geldentwertung in der gleichen Weise gestört. Es handelt sich um die Erscheinung, die man schlagwortartig als Scheingewinne bezeichnet. Die Scheingewinne entstehen dadurch, daß in den Gewinnrechnungen Beträge von verschiedenem inneren Währungswert miteinander in Verbindung gebracht werden, etwa Grundstücke, die seit der Vorkriegszeit mit ihrem damaligen Goldmarkbetrag zu Buche stehen, Maschinen, die 1917 im Zeitpunkt einer verhältnismäßig geringfügigen Geldentwertung angeschafft wurden, und Pfandbriefe, die im Jahre 1921 bei einer Geldentwertung auf den 15. Teil erworben wurden. Es leuchtet ein, daß man, wenn man diese drei Werte einfach nach ihren Markbeträgen, so wie sie entstanden sind, addiert, zu einem ganz falschen Vermögensbild kommt. Der sich aus solchen „Buchmark"-Additionen ergebende Betrag ist genau so falsch, als wenn man 300 frs., 500 Ro. und und 200 hfl. zusammenzählt und die Summe von 1000 Einheiten als 1000 frs. oder 1000 Ro. usw. bezeichnet. Ebenso wie man nun diese drei fremden Währungsbeträge gleichnamig machen kann, etwa indem man sie sämtlich in Franken oder Rubel oder in Reichs-

mark zur Friedensparität umrechnet, kann man auch die obigen Vermögenswerte von verschiedenem inneren Wert gleichnamig und additionsfähig machen.

Dabei muß man sich aber zunächst darüber klar werden, unter welchem Gesichtspunkt die Vermögensaufstellung stattfinden soll, da man bei den bestimmt voraussehbaren Geldwertschwankungen der Zukunft zu ganz verschiedenen Resultaten kommt, je nachdem man die augenblickliche, sofortige Versilberung der Vermögensgegenstände (Liquidation) ins Auge faßt, oder je nachdem man das Vermögen unter dem Gesichtspunkt der Fortführung des Betriebes ermitteln will. Im ersteren Falle sind die Vermögensteile zum Tagespreis anzusetzen. Man erhält damit einen einheitlichen Gesamtmarkbetrag von der heute geltenden Kaufkraft, aber wohlgemerkt, nur unter der Bedingung, daß man tatsächlich die Vermögensobjekte sofort abstößt. Diese Bedingung ist für bestehende und weiter zu führende Betriebe niemals gegeben, und damit entfällt auch die Möglichkeit, die Vermögensgegenstände zum Tagespreis auf einen gleichnamigen Wert zu bringen.

Setzt man den Fortbestand des Betriebes voraus, so gibt es zwei Wege, um die verschiedenartigen Werte innerlich gleich zu machen, indem man sie entweder sämtlich auf ihren ungefähren Reichsmarkwert vor Kriegsausbruch umrechnet (Goldmarkrechnung) oder indem man ausrechnet, wie hoch dieser Friedenswert sich in Papiermark stellen müßte, wenn die Geldentwertung mit x % anzunehmen ist. Es ist das eine ganz einfache Rechnung, sowohl die Egalisierung der Werte durch Reduzierung auf Friedensgoldmarkwert wie die Egalisierung durch Umrechnung in Papiermark, nur bietet die Feststellung, wie hoch denn nun die Geldentwertung anzunehmen ist, die eigentliche Schwierigkeit. Vorher ist noch zu bemerken, daß die gleichmäßige Umrechnung in Papiermark etwas ganz anderes ist, als die Einsetzung der Objekte zum Tagespreis, wie sich aus folgendem einfachen Beispiel ergibt. Eine Maschine kostete im Frieden 1000 Mk., die Geldentwertung sei zurzeit das Zehnfache, so daß die Maschine proportional zur Geldentwertung mit 10 000 Mk. in die Papiermarkrechnung einzusetzen wäre, während ihr derzeitiger Tagespreis z. B. 20 000 Mk. betragen könnte.

Wie schon gesagt, liegt die Schwierigkeit darin, den Umfang der Geldentwertung zu bestimmen. In der kaufmännischen Praxis benutzt man hierfür vielfach das Agio des Wechselkurses auf ein Land mit einigermaßen intakter Valuta, etwa auf Holland oder auf die Vereinigten Staaten von Nordamerika; die Methode kommt der Richtigkeit sehr nahe. Von anderer Seite wird vorgeschlagen, eine der sogenannten Indexziffern zur Gleichnamigmachung zu benutzen, also den nach bestimmten Gesichtspunkten gerechneten Preisdurchschnitt verschiedener Waren; die Methode ist nicht so gut wie die erstere. Der beste Maßstab dürfte die direkte Goldrechnung sein, die an die im Anfang dieses Jahres von der Entente verbotene Goldnotiz aus dem freien Verkehr der Berliner Börse und jetzt an den Ankaufssatz der Reichsbank für Goldmünzen anknüpft. Wenn die Reichsbank für 20 Mk. Gold 300 Mk. Papier bezahlt, so ist damit natürlich noch nicht bewiesen, daß die Geldentwertung dem Verhältnis von 1 : 15 entspricht, aber es ist möglich alle Vermögensgegenstände nach diesem Maßstab gleichmäßig auf ihren Friedenswert umzurechnen, oder, was dasselbe ist, gleichmäßig auf das fünfzehnfache ihres Friedenswertes zu bringen. Es wird dadurch erreicht, daß alle Scheingewinne verschwinden und daß alle Vermögensgegenstände ihrem Quantum entsprechend zu demjenigen Markbetrag (oder gleichmäßig zu dem fünfzehnfachen oder zehnfachen oder zwanzigfachen Markbetrag) eingesetzt werden, der ihnen im Frieden zukam. Auf Einzelheiten und Schwierigkeiten der Rechnung kann hier nicht eingegangen werden.[1])

II. Damit kommen wir zu einer Berechnung, die wirtschaftlich und materiell richtig ist, die sich aber von den formalen Ergebnissen einer Rechnung, die die Markbeträge, so wie sie entstanden sind (Buchmark), einsetzt, sehr weit entfernt. Es ergibt sich also ein Gegensatz zwischen Form und Sache, den natürlich jeder Dritte zu seinen Gunsten auszubeuten versuchen wird. Auf privatrechtliche Ansprüche Dritter sei hier nicht eingegangen,[2]) wohl dagegen auf die Ansprüche des Steuerfiskus. Da die Änderung des Geldwertes bisher gesetzlich nicht anerkannt war, so mußte sich die Steuerbehörde an das formale Ergebnis der Buchmarkrechnungen halten und infolgedessen namentlich bei der Einkommensteuerveranlagung zu grotesken Steuerforderungen kommen.

Besonders störend mußte sich die Geldwertverschiebung bei der Behandlung der sogenannten Anlagewerte, wie Gebäude, Ma-

[1]) Näheres siehe Mahlberg, Bilanztechnik und Bewertung bei schwankender Währung, Leipzig 1921 G. A. Gloeckner.

[2]) Näheres Mahlberg, a. a. O.; ferner Wassermann, Die Berücksichtigung der Geldentwertung in der Einkommensteuer-Novelle vom 24. März 1921 und die Reform der bilanzrechtlichen Bestimmungen des HGB., in der Schrift „Die Geldentwertung" von Zeiler, Wassermann und Mayer, München 1921, J. Schweitzer.

schinen, Geräte, Mobilien usw., also des stehenden Kapitals für die Einkommensteuerberechnung äußern. Der Begriff der Anlage ergibt sich wirtschaftlich und rechnerisch dadurch, daß die betreffenden Betriebsgegenstände nicht schnell, etwa mehrmals in einem Jahre umgeschlagen werden, wie Rohstoffe, Halbfabrikate, Fabrikate usw., sondern daß sie gewöhnlich erst im Laufe vieler Jahre abgenutzt werden und so allmählich ihren Kostenwert in die durch ihre Abnutzung erzielte Leistung umsetzen. Der Begriff der Anlage ist vom Standpunkt der Selbstkostenrechnung noch dahin zu ergänzen, daß es regelmäßig nicht möglich ist, festzustellen, wieviel Anlageverbrauch — etwa Abnutzung einer Maschine — auf die Herstellung eines einzelnen Fabrikates oder auch einer Serie gleicher Fabrikate entfällt. Selbst die Gesamtlebensdauer läßt sich im voraus nicht exakt messen, sondern nur schätzen, und aus dieser Schätzung wird dann berechnet, wieviel etatmäßig — dies ist der treffende Ausdruck — an Verbrauch auf ein Rechnungsjahr entfällt. Es ist das die bekannte Verrechnungsform der sogenannten Abschreibung, die meistens und zweckmäßig in gleichbleibenden Prozenten vom Restbuchwert (degressive Abschreibung) erfolgt. Diese besondere Verrechnungsform und die lange Gebrauchsdauer der Anlageobjekte — im Gegensatz z. B. zu einem Faß Schmieröl — haben vielfach die völlig irrige Auffassung bewirkt, als ob die Verrechnung der Anlagewerte als Unkosten im Wege der Abschreibung nur insoweit zulässig und wirtschaftlich berechtigt sei, als es sich um die Amortisierung des Buchwertes eines Anlagegegenstandes handelt. Man hält es mit anderen Worten für zulässig, den tatsächlich bei Anschaffung bezahlten Betrag des Anlageobjektes durch Abschreibung wieder hereinzuholen, dagegen sei es nicht zulässig, über den ursprünglichen Anschaffungspreis hinaus, auch wenn der derzeitige Marktpreis auf das Zwanzigfache gestiegen ist, hierfür Beträge zugunsten einer Erneuerungsreserve als Unkosten zu verrechnen und so die Selbstkosten zu steigern und den der Steuer unterliegenden Gewinn zu vermindern. Man erkennt, welche Interessentengruppen hinter dieser Auffassung, die bereits eine umfangreiche Literatur[1]) erzeugt hat, stehen. Daß die Auffassung falsch ist, ergibt sich schon aus den obigen Aus-

[1]) Bedauerlicherweise hat sich auch die Frankfurter Zeitung diese irrige, wissenschaftlich exakt und voraussetzungslos zu widerlegende Auffassung in einer Artikelserie zu eigen gemacht, die inzwischen als Broschüre: Wertschwankungen und Bilanz von F. Naphtali, Flugschriften der Frankfurter Zeitung. herausgegeben wurde.

führungen dahingehend, daß ein materieller Unterschied zwischen dem Selbstkostenelement Anlageverbrauch und den Selbstkostenelementen Materialverbrauch oder Lohnverbrauch nicht besteht und daß der Unterschied nur in der besonderen Verrechnungsform und in der längeren Verbrauchszeit der Anlage liegt. Während man nun für den Materialaufwand die Notwendigkeit der Tagespreisberechnung erkannt hat, möchten einzelne für den Anlageaufwand das Rad der wirtschaftlichen Entwicklung rückwärts drehen und durch Beschränkung auf den Anschaffungspreis die Unternehmungen an der Bildung ausreichender Erneuerungsrücklagen und also an der Aufrechterhaltung der Betriebsbereitschaft verhindern.

III. Die Notwendigkeit auch bezüglich der Abschreibungen nicht den Einstandspreis, sondern, kurz gesagt, den Wiederbeschaffungspreis gelten zu lassen, erwies sich als so stark, daß die Steuerrechtsprechung, trotzdem sie auf ihrem formalen Schein hätte bestehen können, in den bekannten Urteilen des Reichsfinanzhofes langsam zurückwich, und daß dann in der Folge auch der Gesetzgeber in der Einkommensteuernovelle durch den § 59a den Einfluß der Geldentwertung auf die Anlagewerte anerkannte Ohne große Reibungen konnte der Paragraph natürlich nicht entstehen, und es ist daher verständlich, daß im Kampfe der Parteien nur eine stark mißgebildete Regelung erzielt wurde.

Der Sachverhalt sei durch ein schematisches Beispiel verdeutlicht. Es sei angenommen, daß sich die Geldentwertung auf dem Achtfachen der Friedenspreise stabilisieren werde. Eine bestimmte Maschine kostete im Frieden 100 Mk., ihr derzeitiger Marktpreis sei 1400 Mk., während sie in Zukunft nach Eintritt der Stabilisierung sich auf etwa 800 Mk. stellen würde. Die Maschine wurde 1914 angeschafft, ihre Erneuerung sei erst nötig, wenn die Währungsstabilisierung eingetreten ist. Der Preis von 800 Mk. ist alsdann als der „dauernde" gemeine Wert anzusehen, d. h. auf dieser Höhe soll sich der Preis nach Eintritt normaler Verhältnisse halten, abgesehen von den relativ geringfügigen Preisschwankungen, die ohne Zusammenhang mit der Währung erfolgen und mit denen auch im Frieden zu rechnen war. Um also im Zeitpunkt der Erneuerung bei dieser Sachlage einen ausreichenden Erneuerungsfonds zu besitzen, wäre es nötig, daß erstens der Anschaffungsbetrag von 100 Mk. abgeschrieben wird und zweitens für die Differenz zwischen 100 Mk. und 800 Mk., also für 700 Mk., eine Rückstellung vorgenommen würde. Nimmt man dagegen an, daß der Marktpreis der Maschine im Zeitpunkt der Wiederbeschaffung noch immer auf dem „überteuerten" Satz von 1400 Mk. steht, so wäre eine Rückstellung von insgesamt 1400 Mk. nötig. Die Gesamtabschreibung muß sich also nach dem Wiederbeschaffungspreis in der Zukunft richten. Im übrigen sind die vorstehenden Zahlen nur schematische Beispiele, es soll nicht etwa behauptet werden, daß die Stabilisierung auf dem Achtfachen eintreten werde.

Die Antragsteller zu § 59a bezweckten durch ihren Antrag, den Unternehmungen für diese Rückstellungen, die Unkostennatur besitzen und nicht etwa eine Kapitalneubildung[1]) darstellen, die selbstverständliche Steuerfreiheit zuzuwenden und so im volkswirtschaftlichen Interesse die Bildung solcher Rücklagen zu fördern. Diese Absicht wurde der Form nach überhaupt nicht und der Sache nach nur zum kleinen Teil erreicht, weder in dem Falle, daß bei der Neuanschaffung die Stabilisierung aller Preise bereits erreicht ist, noch in dem Falle, daß im Zeitpunkt der Erneuerung noch immer der überteuerte Preis von 1400 Mk. unseres Maschinenbeispiels gilt. Der § 59a stellt nämlich steuerfrei die Rücklagen für den sogenannten Mehrwert, hier den Betrag von 600 Mk., d. h. die Differenz zwischen dem dauernden stabilisierten gemeinen Papiermarkwert und dem überteuerten Tagespreis, während die wichtige und im Falle einer baldigen Stabilisierung allein berechtigte Rückstellung für die Differenz zwischen Anfangsgoldwert und dauerndem gemeinen Papierwert nach wie vor steuerpflichtig ist, so daß das, was die Antragsteller eigentlich wollten, nicht erreicht ist.

Man erkennt deutlich den Kompromißcharakter der Regelung, die außerdem noch folgende Schönheitsfehler aufweist. Von der Erleichterung des § 59a waren bisher körperschaftssteuerpflichtige Unternehmungen, also die wichtigsten, wegen des geringen Steuersatzes von 10% ausgeschlossen; erst der jetzt vorlegte Entwurf zur Änderung des Körperschaftssteuergesetzes, der eine Steuer von 30% vorsieht, dehnt den § 59a auch auf diese Unternehmungen aus. Dann aber wurde vor allem die Erleichterung durch die Worte „den Verhältnissen entsprechende Rücklagen" und „in den Jahren 1920 bis 1926" dahin eingeschränkt, daß nicht in allen Fällen der ganze in Frage kommende Betrag des sogenannten Mehrwerts, in unserem Beispiel 600 Mk., steuerfrei zurückgestellt werden darf, sondern daß der Gesamtbetrag auf die noch ausstehenden Lebensdauerjahre ratierlich zu verteilen ist und dabei Gebrauchsjahre über 1926 hinaus

[1]) Nach vorgenommener Rückstellung und späterer Erneuerung der Anlage aus diesem Fonds ist der Substanzumfang der Unternehmung der gleiche wie früher, so daß von Kapital*neu*bildung keine Rede sein kann.

keine Steuerfreiheit genießen. Auch das ist wirtschaftlich unlogisch, die Regelung müßte umgekehrt sein und zwar folgendermaßen. Erste Annahme: Im Zeitpunkt der Erneuernng hat sich der Wert der Maschine auf 800 Mk. ermäßigt und korrespondiert damit mit dem angenommenen stabilisierten Geldwert. Im ganzen sind dann 800 Mk. teils durch Abschreibung, teils durch Rückstellung aus dem Gewinn zu reservieren und auf die Anzahl der Gebrauchsjahre umzulegen. Nimmt man diese mit 10 Jahren an, so sind mit Einschluß von 1920 seit dem Jahre 1914 im ganzen siebenmal 10 Mk. = 70 Mk. abgeschrieben. Es müßten unter Berücksichtigung der Geldentwertung für sieben Jahre siebenmal 80 Mk. = 560 Mk. amortisiert sein; folglich sind im Jahre 1920 weitere 490 Mk., nämlich 560 Mk. ÷ 70 Mk. als vom ursprünglichen Sachvermögen nicht mehr vorhanden abzusetzen, bzw. im Erneuerung zu stellen und von da ab jedes weitere Jahr 80 Mk. Zweite Annahme: Man nimmt an, daß bis zur Erneuerung der Preis noch immer 1400 Mk. beträgt. Dann sind im Jahre 1920 auf einmal zurückzustellen (siebenmal 140 Mk.) — 70 Mk. = 910 Mk.

So wäre die Regelung wirtschaftlich richtig. Man wird sich damit abfinden müssen, daß das Gesetz von den wirtschaftlich notwendigen Rückstellungssummen nur einen Teil steuerfrei läßt, und man wird, so bitter das für manche Unternehmungen sein mag, den Unkostenbetrag der restlichen Rückstellung versteuern müssen; keinesfalls darf man wegen dieser Unwissenheit des Steuergesetzgebers auf die Rückstellung selbst verzichten. Auch die Ausführungsbestimmungen des Reichsfinanzministers, denen der Gesetzgeber die Regelung der schwierigen Verhältnisse im einzelnen überlassen hat, konnten über den Rahmen der gesetzlichen Vorschrift nicht hinausgehen.

IV. Bei Erlaß der Ausführungsbestimmungen stand das Reichsfinanzministerium vor drei Schwierigkeiten: es konnte 1. nicht in die Zukunft sehen und infolgedessen nicht sicher erkennen, welcher Überteuerungs-Mehrwert für Anlagegegenstände in den nächsten Jahren über den begrifflich erst noch später sich entwickelnden gemeinen Wert hinaus zu zahlen sein wird, es mußte 2. die verschiedenartigsten Währungsstadien seit der Goldmarkzeit bis in die Zukunft hinein und die verschiedenartigsten Anlageobjekte in Landwirtschaft, Handel, Industrie und Verkehr berücksichtigen, und es mußte endlich 3. die Regelung technisch so einfach treffen, daß die unteren Finanzverwaltungsinstanzen darnach arbeiten können. Wenn man sich diese drei Schwierigkeiten vergegenwärtigt, so muß man zugeben, daß der technische Aufbau der Verordnung vom 25. Juli

1921 zur Ausführung des § 59a in ausgezeichneter Weise erfolgt ist, wobei das Hauptverdienst den zuständigen Dezernenten des Reichsfinanzministeriums zufällt. Die Verhandlungen des Reichstagsausschusses, der nach dem Willen des Gesetzgebers unter Heranziehung von Sachverständigen (Vertreter des Handels, der Industrie, der Landwirtschaft, der Schiffahrt, der Betriebswirtschaftslehre[1]) usw.) vor Erlaß der Verordnung zu hören war, und die mehrfachen Vorbesprechungen dieser Sachverständigen mußten naturgemäß den Schwerpunkt mehr auf die Höhe der in der Verordnung festzusetzenden Sätze legen, auf die weiter unten zurückzukommen sein wird.

Die technische Regelung geht nun von Folgendem aus. Es ist weder der dauernde oder stabilisierte gemeine Wert der Zukunft bekannt oder irgendwie gegeben, noch weniger der darüber hinausgehende Mehrwert; eine amtliche Festlegung des gemeinen Wertes etwa auf das Fünf- oder Zehn- oder Fünfzehnfache auch nur für die Dauer eines Jahres oder nur für den Bereich des § 59a wird wegen der Konsequenzen niemand wagen. Man mußte sich also mit relativen Angaben behelfen. Zu dem Zwecke werden drei *Anschaffungsperioden* für die in der Zukunft zu ersetzenden Anlagewerte festgesetzt: Bis zum 31. Dezember 1915, 1. Januar 1916, bis 31. Dezember 1918 und das Jahr 1919. Die voraussichtlichen *Mehrkosten*, wohlgemerkt nicht die Gesamtkosten für den Ersatz in der Zukunft werden nun nach den drei Gruppen abgestuft und zwar für die Gruppe I auf 600%, II 300%, III 200% *des früheren Anschaffungswertes* festgesetzt.[2])

Auf diese Weise *entsteht* der Rückstellungsfond, aus dem dann später das Unternehmen die Mehrkosten decken, also abbuchen kann. Was hierfür nicht verbraucht wird, wird natürlich einer Nachversteuerung zugeführt. Aber auch hier ist in der Zukunft die praktische Schwierigkeit, festzustellen, was gemeiner Wert und was Mehrwert beim Ankauf eines neuen Anlagegegenstandes ist. Deshalb zäumt die Verordnung ganz folgerichtig nunmehr das Pferd am andern Ende auf und bestimmt: bei Neuanschaffungen gelten bis auf weiteres 40% des neuen Kaufpreises als *Mehrwert* und dürfen zu Lasten des obengebildeten Fonds abgeschrieben werden.[3])

V. Bezüglich der Höhe der vorstehenden Sätze ist zunächst darauf hinzuweisen, daß im Interesse einer möglichst einfach zu

---

[1]) Darunter der Verfasser.
[2]) Siehe § 2 der Verordnung.
[3]) Siehe § 8 der Verordnung.

handhabenden Verordnung runde Perioden und runde Durchschnittssätze aufgestellt werden mußten, die naturgemäß im Einzelfall zu Härten oder zu unverhältnismäßig günstiger Behandlung führen. Mit dieser veranlagungstechnischen Notwendigkeit fanden sich die Sachverständigen ab, dagegen legten namentlich die Vertreter aus der wirtschaftlichen Praxis den Hauptwert darauf, höhere Sätze zu erlangen, während das Finanzministerium aus ebenso leicht zu erklärenden Gründen glaubte, mit den gewährten Sätzen bereits sehr weit gegangen zu sein. Der Widerstreit der beiden Parteien erwuchs aus der Unmöglichkeit, über die Weiterentwicklung unserer Währung zu einem sicheren Urteil zu kommen. Die ungelöste Frage lautet: Auf welchem Niveau wird sich unsere Währung stabilisieren?

Um wenigstens die Richtung zu erkennen, in der sich die Lösung der Frage vollziehen wird, sei vom Wechselkurs d. h. der Gesamtheit aller deutschen Wechselkurse auf das Ausland ausgegangen. In normalen Währungszeiten ist der Wechselkurs der Ausdruck für den Geldwert des Inlandes gegenüber dem Geldwert des Auslandes. Die Abweichungen des Wechselkurses von der Parität stellen bei geordneter Währung nach den Ergebnissen der privatwirtschaftlichen Forschung [1]) die tägliche, genaue Differenz zwischen dem Berliner Privatdiskont und den Geldsätzen des Auslandes dar. Haben wir einen niedrigen (4 %) und Paris einen höheren Diskont (5 %), so steht der Frankenkurs *über* der Parität, und ein Berliner Geldgeber erhält *dadurch den gleichen Zinsertrag*, ob er sein Geld in deutschen oder in französischen Wechseln anlegt. Wegen des höheren Geldwertes in Frankreich (Ertragsfähigkeit des Geldes fünf Teile auf hundert) steigt der Preis dieses Geldes pro Einheit, also pro 100 frs. und erzeugt damit eine neue wirtschaftliche Parität (Gleichgewichtslage), die von der gesetzlichen Münzparität verschieden ist. Die Abweichungen von der Münzparität betrugen im Frieden in der Regel im Höchstfalle nicht mehr als ½ % der Parität nach oben und unten, während heute der Wechselkurs auf das intakte Ausland Steigerungen von 2000 % aufweist. Trotzdem handelt es sich auch heute um prinzipiell den gleichen Vorgang. Wir sind durch das unproduktive Leben während und nach der Kriegszeit

---

[1]) *Schmalenbach*, Der Kurs des Pfund-Sterling-Wechsels, Bd. 1; *Mahlberg*, Der Kurs des Frankenwechsels, Bd. 3; *Derselbe*, Der Preismechanismus der Kurz-lang-Spannung am Devisenmarkt, Bd. 12 der Zeitschrift für handelswissenschaftliche Forschung; siehe ferner F. *Schmidt*, Der internationale Zahlungsverkehr, Leipzig 1920; G. A. Gloeckner, und *Walb*, Die Technik des Handels, Rothschilds Taschenbuch für Kaufleute, desselben Verlages.

an Gütern verarmt; bei geringerem Angebot und ungefähr gleichgebliebenem Bedarf sind die Preise gestiegen, und in der Folge ist die Ertragsfähigkeit des Geldes gesunken. Konnte man früher, um den Begriff der Ertragsfähigkeit auf eine produktionstechnische Basis zu bringen, mit einem Einsatz von 10 000 Mk. eine Anlage erstellen, die jährlich z. B. 3000 Ztr. Fabrikate und damit eine 5 %ige Verzinsung des Einsatzes erzeugte, so würde heute bei demselben Einsatz zwar auch eine Verzinsung von 5 % aber nur noch eine Produktion von 300 Ztr. herauskommen, während z. B. in der Schweiz auch heute noch mit 12 345 frs. (= 10 000 Mk. Gold) 3000 Ztr. unter sonst gleichem Umständen zu erzielen sind. Demgemäß mußte der Wechselkurs auf die Schweiz enorm steigen, um zwischen dem üppigen Geldwert der Schweiz und der mageren Ertragsfähigkeit unseres Geldes einen neuen Gleichgewichtszustand herbeiführen; solange dieses Gleichgewicht nicht erreicht ist, sind Schweizer Franken „geschenkt" billig, und eine solche Marktlage führt bekanntlich automatisch einen Ausgleich herbei.[1]) (Von dieser neuen wirtschaftlichen Parität aus rechnen dann wieder begrifflich die früher minimalen, jetzt natürlich auch vergröbert zu denkenden Wechselkursabweichungen für Diskontdifferenzen, so daß z. B. steigender Wechselkurs von einem hierzu unpassenden Zinsfußverhältnis zwischen den beiden Ländern begleitet sein kann!)

Die Grundursache der Geldentwertung ist also die Verarmung der Volksgesamtheit, die durch den Krieg, die Revolution und die wirtschaftlichen und politischen Schwierigkeiten der Nachkriegszeit herbeigeführt worden ist. Sieht man zunächst von den Zahlungen an den Feind ab und nimmt schematisch an, daß wir 9/10 unseres gesamten Volksvermögens verbraucht, daß wir also, statt von den Früchten oder Zinsen unseres Produktionsvermögens zu leben, in den letzten sieben Jahren 9/10 des Kapitals aufgezehrt hätten, so kommen wir rechnungsmäßig und, wie gesagt, schematisch — praktisch ist ein solch großer Vermögensverzehr unmöglich — auf eine Entwertung des Geldes auf ein Zehntel, auf „das Zehnfache"; der Wechselkurs

[1]) Walb a. a. O. S. 1131 hebt folgende Seite der Sache hervor: „Wie die inländischen, so werden auch alle ausländischen Waren im inländischen Geld mehr wert. Solange die Wechselkurse nicht im Verhältnis zu anderen Preisen gestiegen sind, muß ein starker Begehr nach ausländischen Waren und Werten einsetzen, da der niedrige Wechselkurs ihren Bezug verbilligt. Dieser Bezug muß aber die Nachfrage nach Wechseln steigern und damit die Kurse auf die der Geldentwertung entsprechende Höhe treiben. Im Ausland mit guter Währung ist, abgesehen von der Wirkung der Arbitrage, der Vorgang umgekehrt."

würde sich auf 1000 % der Parität in der Zukunft stabilisieren müssen. Die Frage aufwerfen, ob der bereits auf 2000 % gestiegene, dann wieder unter 1000 % gefallene und zurzeit erneut steigende Wechselkurs und die ähnlich großen Oszillationen der Warenpreise eine entsprechende Verarmung von $^9/_{10}$ der gesamten Substanz einschließlich Grund und Boden, Bauwerke, Straßen usw. beweisen, heißt die Frage verneinen. Es sind dies die Fiebererscheinungen der starken Störungen in unserer wirtschaftlichen Ordnung; die stärkste Störung, die kommunistische Zwangswirtschaft auf dem Baumarkt, besteht wie ein eiternder Fremdkörper in der Herzgegend des Patienten unverändert fort.

Namhafte Vertreter der Industrie, die in der obengenannten Sachverständigenkommission mitwirkten, schätzten den dauernden gemeinen Wert der Zukunft, also die stabilisierte Währung auf das 2 – 2 $^1/_2$ fache; sie gingen dabei von der Weltmarktteuerung gegenüber 1914 in Nordamerika aus. Wenn diese Schätzung zutrifft, so würde sie rechnungsmäßig einem Verlust von etwa der Hälfte unserer Vermögenssubstanz entsprechen.

Der vorstehenden Gegenüberstellung von 90 % bzw. 50 % Vermögensverlust und der daraus folgenden Wirkung auf den Geldwert kommt nur die Bedeutung einer schematischen Illustration zu. Ganz so einfach liegen natürlich die Dinge nicht, aber immerhin kann man auch keine Gründe dafür beibringen, daß bei einem Verlust von 50 % unseres Vermögens nach Fortfall aller staatswirtschaftlichen Hemmungen im Innern, der Außenhandels-Erschwerungen der Nachkriegszeit und vor allem in der Annahme, daß sämtliche Kriegsentschädigungen gestrichen wären, der Geldwert sich *auf mehr* als das 2—2 $^1/_2$ fache *auf die Dauer* verschlechtert. Wenn man von der Tatsache ausgeht, daß der Wert eines Vermögens gleich dem Wert seines Ertrags (kapitalisiert) ist, so würden 50 % Verlust bedeuten, daß sämtliche Glieder der deutschen Wirtschaft *im Durchschnitt* nur noch die Hälfte des Güterquantums verzehren können, das ihnen im Frieden zur Verfügung stand. Dabei ist an wirtschaftliche Güter im weitesten Sinne zu denken, also einschließlich Theaterbesuch, der Taschenuhr zur Konfirmation oder der Ausstattung von Hochzeitsessen; von der Veränderung im Gesamtpersonenstand ist der Einfachheit halber abzusehen.

Zur Größe unseres Vermögensverlustes sind noch zwei Dinge im Einzelnen zu sagen. Es sind erstens nicht die ganzen Kriegsausgaben einfach als Verlust anzusehen, z. B. nicht Nahrung, Kleidung, Wohnung und Vergnügen der Kriegsteilnehmer und ihrer Angehörigen, da es sich dabei um Kosten handelt, die auch bei produktiver Tätigkeit der Kriegsteilnehmer aufgewandt werden mußten.[1]) Die zweite Einzelheit betrifft die Arbeitszeit. Wenn wir keinen Krieg gehabt hätten und es würde die frühere 10stündige Arbeitszeit zwangsweise für alle Staatsbürger auf 5 Stunden herabgesetzt, so würde sich der Ertrag der Gesamtarbeit und damit der Wert des Vermögens und des Geldes auf rund 50 % vermindern.

Allem Augenschein nach scheint der vorstehenden Auffassung eines Gegenseitigkeitsverhältnisses zwischen Geldentwertung und Güterverarmung der Verlauf des Wechselkurses zu widersprechen, der ganz zweifellos weit über den Grad der eingetretenen Verarmung hinausgeht. Die Erklärung der Diskrepanz liegt in folgendem. In der Übergangszeit zwischen der früheren Goldwährung und der demnächstigen Stabilisierung eines neuen Geldwerts herrscht begrifflich Preisrevolution dahingehend, daß aus den verschiedensten Ursachen die Preise aller oder einzelner Güter nicht mehr in dem alten Verhältnis zu einander stehen wie bei stabiler Währung, z. B. ist das Verhältnis Grundstückspreis zu Butterpreis einstweilen völlig gestört, es wird aber ganz zweifellos ungefähr wieder in die alte Relation kommen, nicht dagegen auf die alte Markhöhe. Ebenso ist das Verhältnis zwischen Geldwert und Wechselkurs gestört: auf den Wechselkurs wirkt einstweilen nur die Preisentwicklung der Export- und Importgüter, während der demnächstige neu stabilisierte Geldwert von der Preisentwicklung aller Güter einschließlich Grund und Boden beeinflußt werden wird. Die künftige Preisentwicklung des einzelnen Guts ist aber nichts anders, als der Effekt des künftigen „dauernden" Verhältnisses von Angebot und Nachfrage dieses Guts, und der Geldwert ist der Effekt aller Effekte. Wie auf die Dauer das Verhältnis von Lebensmittelpreisen und Grundstückspreisen wieder einspielen wird, so werden auch, je mehr die Wirtschaft von der Gängelung befreit wird, wieder alle Effekte direkt oder indirekt auf die Zahlungsbilanz einwirken und damit die Übereinstimmung zwischen Wechselkurs, Geldwert und Größe des volkswirtschaftlichen Kapitals (bzw. Grad der Verarmung) herbeiführen.

Eine ganz andere Frage ist natürlich, bis wann sich unter den angegebenen Voraussetzungen die wirtschaftlichen Verhältnisse so weit wieder eingerenkt haben würden, daß man von einer Stabilisierung sprechen könnte. Wenn nicht der ungeheure, erst

---

[1]) Mahlberg, Wirtschaftsrelativität, Zeitschrift für Handelswissenschaft und Handelspraxis, 1920, Heft 6, 8 und 9.

langsam beginnende Druck der Friedensbedingungen wäre, die außerdem alle vorstehenden Annahmen umwerfen, so brauchte man diesen Zeitpunkt keinesfalls als besonders fernliegend anzusehen.

Um wieviel verschlechtert sich nun das Bild, wenn man die Zahlungen an den Feind in Rechnung stellt? Auch hier heißt die Frage stellen, ob der Feind uns 90 % der Vermögenssubstanz wegholen und über die Grenze schaffen könne, die Frage verneinen. Nachdem wir gesehen haben, daß Vermögen und Vermögensertrag dasselbe ist, und daß wir gegenüber 1914 als Gesamtheit nur noch einen Teil des früheren Lebensstandards im Durchschnitt zu verzehren haben, ist die elementare Möglichkeit, uns ungeheure Werte wegzunehmen, für den Feind überaus gering. Was er uns wegnehmen kann, ist, volkswirtschaftlich gesprochen, nur der Güteranteil des Einzelnen, der diesem einzelnen im Durchschnitt von seinem Lebensbedarf noch abgezwackt werden kann, ohne daß er zugrunde geht. Das ist nicht mehr allzuviel, nachdem durch die Einführung des Achtstundentags der Friedensvertrag von Versailles im voraus sabotiert worden ist. Die Auffassung, daß der Feind zur Deckung seiner Ansprüche „stehende" Vermögenswerte im Inland beschlagnahmen könnte, wenn er aus dem Arbeitsertrag nicht befriedigt wird, ist privatwirtschaftliche Denkeinstellung; die Wegnahme nutzt ihm nichts, wenn es ihm nicht möglich ist, die Früchte dieser stehenden Anlagewerte in Form von beweglichen Sachwerten, von produzierten Gütern über die Grenze zu schaffen, und das letztere ist eben die Unmöglichkeit, von der dieser Gedanke ausgeht.

Es sind also auch dem Feind bezüglich der endgültigen Verschlechterung unseres Geldwertes gegenüber 1914 verhältnismäßig enge Grenzen gezogen, aber woran er nicht gehindert werden kann, ist der immer wieder sich erneuernde Versuch, ungeheure und wirtschaftlich unmögliche Ansprüche durchzusetzen. Da er auch vor den sinnlosesten, auf ihn selbst zurückprallenden Zwangsmitteln nicht zurückschrecken wird, so werden wir sobald nicht zur wirtschaftlichen Beruhigung und Stabilisierung unserer Währung gelangen.

Diese Ausführungen sind gewiß keine präzise Beantwortung der zu Beginn des Abschnittes gestellten Frage nach dem künftigen Geldwert, aber mehr läßt sich schwerlich sagen. Ganz anders liegt die Frage für die Bilanzrechnung. Hier ist es durch die auf S. 2 erwähnte Goldmarkrechnung möglich, zu eindeutigen, vor allem aber wertbeständigen Bilanzzahlen zu gelangen. Wenn heute jemand mit der von uns vorgeschlagenen Goldbilanztechnik und

Goldmarkbewertung [1]) feststellt, daß sein Vermögen 100000 Mk. Gold beträgt, d. h. 39,8 kg Gold, und wenn es ihm — was wohlgemerkt mit der Richtigkeit der Bilanzrechnungsmethode nichts zu tun hat — gelingt, sein Vermögen auf der heutigen Höhe, also, auf dem heutigen quantitativen Bestand an Materialvorräten, Anlageobjekten usw. zu halten, so wird sich dieses Vermögen nach Erreichung der Stabilisierung genau auf 39,8 kg Gold stellen. Er wird für die 39,8 kg Gold, da Deutschland auf die Dauer keine isolierte Wirtschaft mit eigner Preisbildung führen kann, sondern in den Weltmarkt verflochten ist, praeter propter dasselbe Quantum der verschiedensten Güter kaufen können wie 1914; er würde dann unter seinesgleichen mehr gelten wie 1914, da wir im ganzen ärmer geworden sind. Daß dieses Ziel auf Kosten anderer, die unter die Gesamtverarmung hinunter verarmen, erreicht würde, ist nicht notwendig. Davon abgesehen, besitzen wir mithin in der Goldrechnung ein Mittel, um die Währungsschwankungen der Zwischenzeit zu überbrücken und bereits heute eindeutig mit dem „dauernden gemeinen Wert der Zukunft" zu rechnen. Eigentlich müßte man versuchen, diesen Goldwert als den [dauernden] gemeinen Wert des noch zu besprechenden § 33a in einem Verfahren beim Reichsfinanzhof durchzusetzen.

VI. Ein Wort bleibt noch zu sagen über das Verhältnis des hier behandelten § 59a zu dem § 33a der Einkommensteuer-Novelle. Auch der § 33a ist geschaffen mit Rücksicht auf die Geldentwertung. Er gestattet Gegenstände des Betriebsvermögens, also Anlagen und umlaufendes Kapital, statt zum Gestehungspreis, zum gemeinen Wert in der Gewinnrechnung zu berücksichtigen, sofern der gemeine Wert niedriger ist. Ist also ein Anlagewert oder ein Lagerbestand „überteuert" gekauft, so darf der Betrag, um den ungünstig — nach Maßgabe des Wertes in der Zukunft — eingekauft worden ist, steuerfrei abgeschrieben werden. Dabei ist aber scharf zu beachten, daß der Wert in der Zukunft verschieden anzusehen ist, je nachdem, ob es sich um umlaufendes Kapital (also Waren, Fabrikationsmaterial usw.) oder ob es sich um Anlagewerte handelt. Für umlaufendes Kapital liegt der Wert der Zukunft in der nächsten Zukunft, dann wenn die betreffende Ware oder das Fabrikationsmaterial umgesetzt wird, während sich Anlagewerte erst in einer viel späteren Zukunft (nämlich innerhalb der Abschreibungsdauer) umsetzen, so daß für letztere der „dauernde" gemeine Wert gilt.

[1]) Mahlberg a. a. O. II. Kapitel.

Der Sachverhalt sei durch ein Beispiel illustriert. Eine Werkzeugmaschinen-G. m. b. H. handele mit Werkzeugmaschinen und betreibe nebenher eine Reparaturwerkstätte. Sie kauft kurz vor der Bilanz zehn Werkzeugmaschinen ein, von denen sie eine in ihrer Werkstatt in Benutzung nimmt. Der Einkauf erfolgt in einem ungünstigen Zeitpunkt, so daß sich der Einkaufspreis am Bilanztage gegenüber dem Tagespreis als überteuert darstellt. In der Bilanz können die neun Maschinen Lagervorrat zu dem niedrigeren Tagespreis eingesetzt werden, während die eine Maschine, die als Anlage benutzt wird, zu einem noch weit niedrigeren Preise, nämlich dem dauernden gemeinen Werte der späteren Zukunft zu bewerten ist. Im Prinzip ist das alte kaufmännische Übung, nur daß jetzt im Einzelfall riesige Beträge auf Grund des § 33 a abgesetzt werden können. Der Paragraph entspricht einem dringenden wirtschaftlichen Bedürfnis.

Während der § 59a nur auf Anlagewerte (nicht auch auf umlaufendes Kapital) angewandt werden kann, die vor dem 1. Januar 1920 beschafft werden, gilt § 33a ohne Beschränkung der Zeit und nicht nur für Anlagewerte. Im System muß man sich die Behandlung der Anlagewerte so denken: 1. Vor dem 1. Januar 1920 beschaffte Anlagen sind nach § 59a zu behandeln, da die Amortisation ihrer Beschaffungsbeträge für die spätere Erneuerung nicht ausreicht; 2. nach dem 1. Januar 1920 beschaffte Anlagen sind nach § 33a sofort auf ihren gemeinen Wert abzuschreiben, also um den überteuerten Mehrwert zu vermindern; 3. handelt es sich bei dieser letzteren Beschaffnng nach dem 1. Januar 1920 (also im vorigen, in diesem oder in den nächsten Jahren) um Anlagen, für die nach § 59a steuerfreie Rücklagen gebildet vorhanden sind, so erfolgt die Reduzierung der Anlagewerte auf ihren gemeinen Wert selbstredend zu Lasten der Rücklage (§ 8 der Verordnung zu § 59a), also Buchung:

Rückstellungs-Konto an Anlage-Konto,

statt Gewinn- und Verlust-Konto an Anlage-Konto;

4. reicht die Rückstellung nicht aus, um den Anlagewert auf den [dauernden] gemeinen Wert herabzusetzen, so tritt für den restlichen Mehrwert wieder der § 33a in sein Recht ein und gestattet, den Rest zu Lasten des Gewinn- und Verlust-Kontos, also als Werbungskosten, zu verrechnen.

Ein weiterer Zusammenhang zwischen § 59a und § 33a besteht in folgendem. § 33a gestattet dem Steuerpflichtigen wahlweise entweder den Beschaffungswert oder den gemeinen Wert einzusetzen. Der ursprüngliche Beschaffungswert wird dabei jahrweise mit Abschreibungen für Abnutzung traktiert, während sinngemäß bei der Einsetzung des gemeinen Werts im 2., 3., 4. usw. Jahr der gemeine Wert für 2, 3, 4 usw. Jahre „gebrauchte" Gegenstände zu verwenden wäre. Um die hieraus folgenden Komplikationen zu vermeiden, sieht der § 59a (letzter Satz des ersten Absatzes) erfreulicherweise vor, daß gewissermaßen durch die erstmalige Reduzierung eines überteuerten Beschaffungswertes auf den gemeinen Wert steuertechnisch nicht der gemeine Wert im Sinne des § 33a entsteht, sondern der im Wege der Abschreibung zu traktierende Beschaffungswert des § 33a. Man kann also zunächst den Mehrwert abschreiben und den verbleibenden Rest jährlich um die Abnutzung buchmäßig kürzen, ohne jedesmal einen neuen gemeinen Wert für 2, 3, 4 usw. Jahre „gebrauchte" Gegenstände zu ermitteln.

Zum Schluß verdient ausdrücklich hervorgehoben zu werden, daß die Festlegung des Mehrwerts mit 40% des Ersatzanschaffungswertes, die im § 8 der Verordnung zu § 59a vorgenommen worden ist, in gar keiner Weise eine Festlegung der Höhe des gemeinen Werts in der Zukunft oder auch nur für den Bereich des § 33a bedeutet oder wirtschaftlich überhaupt bedeuten könnte. Es wurde das in mehreren Sitzungen von einem Regierungsvertreter außerdem ausdrücklich festgestellt, wie auch aus der amtlichen Niederschrift über die Verhandlungen des Unterausschusses des 11. Ausschusses zu entnehmen ist.

Endlich ist noch auf folgende Wahlmöglichkeit hinzuweisen. Wem etwa die Rückstellungsmöglichkeit aus § 59a für einen im Jahre 1919 oder auch vorher stark überteuert angeschafften Anlagegegenstand nicht genügt, etwa weil ihm die Beschränkung auf die Jahre 1920 bis 1926 oder der zulässige Prozentsatz nicht paßt, kann auf das Recht aus § 59a für einzelne oder für alle Anlagegegenstände verzichten und den ganzen Überteuerungsmehrwert auf einmal für das Jahr 1920 gemäß § 33a in Abzug bringen. Es fällt ihm aber dann die Beweislast zu, daß der von ihm angesetzte gemeine Wert tatsächlich der gemeine Wert der Zukunft sein wird.

II. Teil.

Der § 59a des ESt G. und seine Ausführungsbestimmungen.

Erläutert von RA. Dr. **Rudolf Wassermann**, München.

---

a) Der § 59a des Einkommensteuergesetzes

in der Fassung des Gesetzes vom 24. März 1921. (RGBl. 313.)

Bei Ermittlung des Betriebsgewinns und des Geschäftsgewinnes im Sinne der §§ 32, 33 [1] zum Zwecke der Veranlagung für die Rechnungsjahre 1920 bis 1926 können den Verhältnissen entsprechende Rücklagen zur Bestreitung der Kosten steuerfrei abgesetzt werden, die zur Ersatzbeschaffung der zum land- oder forstwirtschaftlichen oder gewerblichen oder bergbaulichen Anlagekapital gehörigen Gegenstände über den gemeinen Wert der Ersatzgegenstände hinaus voraussichtlich aufgewendet werden müssen (Mehrkosten). Die Mehrkosten sind zu Lasten dieser Rücklagen zu verrechnen; stehen zur Bestreitung der Mehrkosten zu diesem Zweck gebildete Rücklagen nicht zur Verfügung, so können die Mehrkosten als Werbungskosten in Abzug gebracht werden. Bei Feststellung des Anschaffungs- oder Herstellungspreises im Sinne des § 33a bleiben die Mehrkosten außer Betracht, soweit sie für Ersatzbeschaffungen als Werbungskosten in Abzug gebracht oder aus steuerfreien Rücklagen gedeckt worden sind.[2]

Der Reichsminister der Finanzen erläßt die zur Durchführung dieser Vorschriften erforderlichen Bestimmungen,[3] insbesondere auch die Richtlinien über die jeweilige Höhe der über den gemeinen Wert hinausgehenden Mehrkosten. Er erläßt ferner Vorschriften über die Nachversteuerung von steuerfrei gebliebenen Rücklagen, die nicht ihrem Bestimmungszweck zugeführt sind oder nicht mehr zugeführt werden können. Der Erlaß dieser Vorschriften und Richtlinien hat zu erfolgen nach Anhörung eines vom Reichstag zu wählenden Ausschusses unter Zuziehung von Sachverständigen, welche vom Reichsminister der Finanzen zu ernennen sind [4, 5].

1. Die erwähnten Paragraphen sind im III. Teil abgedruckt. Ihr Verhältnis untereinander zu § 33a und zu § 59a legt die Einleitung der zu 3. erwähnten DA. (S. 19) klar. S. im übrigen Anm. 2 zum Eingang der ebenfalls zu 3. erwähnten Ausführungsbest. (S. 21).

2. S. die zu 3. erwähnte DA. Einleitung letzter Satz S. 20.

3. Es ist dies unter b S. 19ff. abgedruckte VO. zur Ausführung des § 59a des Einkommensteuergesetzes vom 25. Juli 1921. (Abgedruckt im Zentralblatt f. d. D. R. S. 658 und im Reichssteuerbl. S. 302. Im folgenden als „Verordnung" oder als „Ausführungsbestimmungen" oder mit § ohne Zusatz zitiert.)

Zu dieser VO. ist unter dem Namen „Anweisung zur Verordnung usw." ein „Erlaß des Reichsministers der Finanzen vom 5. August 1921 — III E 22721 —" ergangen (abgedruckt Reichssteuerbl. S. 335), die im folgenden als „Dienstanweisung" (= DA.) zitiert wird.

Die Einleitung der DA. ist abgedruckt im Anschluß an die Eingangsworte der „Ausführungsbestimmungen" S. 19, die Ausführungen zu den einzelnen Paragraphen jeweils bei dem entsprechenden Paragraphen der VO., zu dem sie ergangen sind, die Muster der Verzeichnisse und Berechnungsbogen am Schlusse des II. Teils. Am Wortlaut ist nichts geändert, doch sind der leichteren Orientierung halber die Absätze mit römischen Ziffern numeriert und einzelne Kennworte fettgedruckt worden.

4. Die Anhörung dieses Ausschusses (des Unterausschusses des 11. Ausschusses) hat, wie sich aus den Eingangsworten der Ausführungsbestimmungen ergibt, stattgefunden. Vorher gingen Beratungen mit Sachverständigen, denen einen Referentenentwurf zugrunde lag, der vor der endgültigen Fassung der VO. noch eine Umarbeitung erfuhr. Der Referentenentwurf ist nicht veröffentlicht worden. Eine teilweise Wiedergabe seiner umgearbeiteten Form findet sich im Anhang der Schrift des Hamburger RA. Dr. Pauly, Werkerhaltungskonten, Hamburg 1921. Auch die Niederschrift über die Verhandlungen des Ausschusses ist nicht veröffentlicht worden. Sie wird im folgenden aus dem Manuskript als „Niederschrift" zitiert.

5. Im Gegensatz zum § 33a findet § 59a zunächst nicht auf juristische Personen Anwendung. Der Entwurf der Körperschaftssteuernovelle, der zurzeit dem Reichstag vorliegt, sieht aber seine Anwendbarkeit vor. § 35 des Entwurfs lautet:

> „Die §§ 59, 59a des Einkommensteuergesetzes in der Fassung des Gesetzes zur Änderung des Einkommensteuergesetzes vom 24. März 1921 (Reichsgesetzbl. S. 313) finden sinngemäß Anwendung. Dabei treten im § 59 Abs. 1a und b an die Stelle des Jahres 1920 das Jahr 1921, im § 59a an die Stelle der Rechnungsjahre 1920 bis 1926 die Wirtschaftsjahre (Geschäftsjahre), die in der Zeit vom 1. Januar 1921 bis 31. Dezember 1926 zu Ende gegangen sind."

Die Rückwirkung der Körperschaftssteuer-Novelle wird im Artikel IV des Entwurfes ausgesprochen. Dort heißt es:

> „Die Vorschriften dieses Gesetzes finden Anwendung bei der Veranlagung des Einkommens der Wirtschaftsjahre (Geschäftsjahre), die nach dem 31. Dezember 1920 zu Ende gegangen sind."

In der amtlichen Begründung der Regierungsvorlage heißt es unter Artikel I Nr. 6:

„Die Steuerfreiheit der Rücklagen für Ersatzbeschaffungen, welche die Novelle zum Einkommensteuergesetz in § 59a für die physischen Einkommensteuerpflichtigen gebracht hat, ist den Erwerbsgesellschaften bisher versagt worden mit der Begründung, daß die Körperschaftssteuer gegenüber der Einkommensteuer eine verhältnismäßig niedrige Belastung darstellt. Dieser Grund fällt weg, wenn die vorgeschlagene Erhöhung der Körperschaftssteuer eintritt. Für die Erwägungen, die zur Einführung dieser Ermäßigungen bei der Einkommensteuer geführt haben, darf auf die Verhandlungen des Reichstages Bezug genommen werden. Die vorgesehene Einschränkung der Steuerfreiheit der Rückstellungen auf die in der Zeit vom 1. Januar 1921 bis 31. Dezember 1926 zu Ende gegangenen Wirtschaftsjahre ergibt sich daraus, daß das Körperschaftssteuergesetz in der neuen Fassung im Gegensatz zum Einkommensteuergesetze nur bis 1. Januar 1921 zurückwirkt."

b) Verordnung zur Ausführung des § 59a des Einkommensteuergesetzes.

Vom 25. Juli 1921 (ZBl. 658).

Nachdem der vom Reichstag gewählte Ausschuß unter Zuziehung von Sachverständigen gehört worden ist, wird hiermit auf Grund des § 59a Abs. 2 des Einkommensteuergesetzes vom 29. März 1920 (RGBl. S. 359) in der Fassung des Gesetzes vom 24. März 1921 (RGBl. S. 313) das Folgende bestimmt:[1]

DA. Einleitung.

[1] Nach §§ 32, 33 EStG. ist bei Ermittelung des land- und forstwirtschaftlichen Betriebsgewinns sowie des gewerblichen und bergbaulichen Geschäftsgewinns außer den Betriebseinnahmen und Betriebsausgaben der Unterschied im Stande und Werte des Erzeugnisse, Waren und Vorräte des Betriebs (des umlaufenden oder Betriebskapitals), der dem Betriebe dienenden Gebäude nebst Zubehör sowie des beweglichen Anlagekapitals am Schlusse des Geschäftsjahres gegenüber deren Stande und Werte am Anfang desselben zu berücksichtigen. Die Gegenstände des Betriebsvermögens, also des umlaufenden (Betriebs-) Kapitals sowohl wie des Anlagekapitals, sind nach § 33a EStG. bei Berechnung des Betriebs- oder Geschäftsgewinns mit dem Anschaffungs- oder Herstellungspreise, soweit ein solcher gegeben ist, nach Abzug der zulässigen Absetzungen für Abnutzung einzustellen. Übersteigt für einen Gegenstand der Anschaffungs- oder Herstellungspreis den gemeinen Wert, so ist der Steuerpflichtige berechtigt, diesen Wert — nämlich den gemeinen Wert am Ende des Wirtschafts- oder Geschäftsjahrs — an Stelle des Anschaffungs- oder Herstellungspreises anzusetzen, d. h. den Betrag, um den der Anschaffungs- oder Herstellungspreis den gemeinen Wert übersteigt (Mehrkosten), sofort in voller Höhe abzuschreiben.

"Die Bedeutung des § 59a EStG. besteht nun darin, daß er gestattet, für solche Mehrkosten, die bei der Ersatzbeschaffung der zum land- oder forstwirtschaftlichen, gewerblichen oder bergbaulichen Anlagekapital gehörigen Gegenstände in der Zukunft voraussichtlich entstehen werden, im voraus Rücklagen zu bilden, d. h. die spätere Abschreibung der Mehrkosten, die an sich erst in dem Wirtschaftsjahre zulässig wäre, in dem die Ersatzbeschaffung erfolgt, vorwegzunehmen. Die Steuerfreiheit der Rücklagen ist zeitlich beschränkt auf die Veranlagung der Rechnungsjahre 1920 bis 1926, d. h. sie sind nur insoweit steuerfrei, als sie auf diejenigen Wirtschaftsjahre entfallen, deren Ergebnis der Veranlagung für die Rechnungsjahre 1920 bis 1926 zugrunde zu legen ist. Die Rücklagen sind zu bemessen nach den voraussichtlich bei der Ersatzbeschaffung entstehenden Mehrkosten, d. h. nach demjenigen Betrag, um den bei der Ersatzbeschaffung der dann für den Ersatzgegenstand zu zahlende Anschaffungs- oder Herstellungspreis den gemeinen Wert des Ersatzgegenstandes am Ende des Wirtschaftsjahrs, in dem die Ersatzbeschaffung erfolgt, voraussichtlich übersteigen wird. Wird die Ersatzbeschaffung vorgenommen, so sind die dann tatsächlich entstandenen Mehrkosten zu Lasten der Rücklagen zu verrechnen, d. h. auf der Aktivseite der Bilanz ist der Anschaffungs- oder Herstellungspreis abzüglich der tatsächlichen Mehrkosten, also der gemeine Wert am Ende des Wirtschaftsjahrs einzustellen, während auf der Passivseite die Rücklage um den Betrag dieser Mehrkosten zu vermindern ist. Sind Rücklagen nicht gebildet oder reichen die gebildeten Rücklagen zur Bestreitung der Mehrkosten nicht aus, so können die Mehrkosten als Werbungskosten abgesetzt werden. Soweit die Mehrkosten aus steuerfreien Rücklagen gedeckt oder als Werbungskosten abgesetzt sind, bleiben sie bei Feststellung des Anschaffungs- oder Herstellungspreises im Sinne des § 33a außer Betracht, d. h. sie können nicht nochmals abgeschrieben werden.

1. **„Bestimmt"**: Nach dem Wortlaut des § 59a II (s. IIa Seite 17) hat der Reichsfinanzminister Ausführungsbestimmungen und über folgende Einzelheiten Richtlinien zu erlassen

a) über die Höhe der Mehrkosten im Sinne des § 59a I,

b) über die Nachversteuerung der nach § 59a I zu bildenden Rücklagen, die ihrem Bestimmungszweck nicht zugeführt sind oder nicht mehr zugeführt werden können.

Über die Frage, welche Tragweite diesen AusfBest. und Richtlinien zukommt, hat der Reichsfinanzminister im Ausschuß des Reichstages (Drucksache 1710 Seite 23/4) folgendes bemerkt: „.... er nähme an, daß durch die hier vorgeschlagene Fassung den Richtlinien eine, auch für die Rechtsprechung bindende Bedeutung beigelegt werde, so daß auch Finanzgerichte und der Reichsfinanzhof an diese vom Reichsfinanzminister erlassenen Richtlinien gebunden seien .....". Im Anschluß findet sich dann noch folgender Zusatz: „Der Ausschuß war übereinstimmend der Ansicht, daß den Richtlinien, die der Reichsfinanzminister zu erlassen habe, selbstverständlich auch verbindliche Kraft hinsichtlich der Rechtsmittel zukomme."

Ganz so „selbstverständlich", wie im Ausschußbericht ausgeführt, ist dies allerdings nicht. Aus dem Wesen der Ausführungsbestimmungen ergibt sich, daß solche nur zur sinngemäßen Ergänzung des Gesetzes dienen können. Soweit sie das Gesetz „auslegen", ist im einzelnen Falle zu prüfen, ob nicht in Wirklichkeit eine „Abänderung" des Gesetzes vorliegt, zu deren Vornahme der Ausschuß des Reichstags seine Zustimmung weder geben wollte noch konnte, da er, der kein Gesetzgebungsrecht hat, noch viel weniger ein solches delegieren konnte. Vgl. hiezu im allgemeinen: Rosendorff, Steuerersparung, Steuerumgehung und Steuerhinterziehung 2. Auflage Seite 50/I und derselbe, Das Steuerrecht der stillen Reserven S. 98/9, ferner RFH. 1, 200; 5, 82; 6, 43. In Übereinstimmung mit der Rechtsprechung des Reichsfinanzhofes wird auch im vorliegenden Falle daran festzuhalten sein, daß die Ausführungsbestimmungen insoweit unwirksam sind, als sie sich in Widerspruch zum Wortlaut des § 59a der Einkommensteuernovelle setzen und damit das Gesetz ändern. Vgl. für den vorliegenden Fall: Strutz, Allg. Steuerrundschau 4. Jahrgang S. 90 und Erler-Koppe S. 27, die wieder auf Meumann in den Mitt. d. StASt. d. Reichsverb. d. deutschen Ind. 1921 S. 105 verweisen. S. auch ebenda S. 182 (Meumann) und S. 205 (Spieß).

2. Über das Verhältnis des § 59a EStG. zum § 33a: S. DA. Einleitung Abs. I und II, ferner Mahlberg oben unter VI, unten § 1 Anm. 4 und § 8 Anm. II.

Ersatzbedürftige Gegenstände. **§ 1.**

I Ersatzbedürftige Gegenstände[1] im Sinne dieser Verordnung[2] sind die vom Steuerpflichtigen[3] vor dem 1. Januar 1920 angeschafften oder hergestellten, dem land- oder forstwirtschaftlichen, gewerblichen oder bergbaulichen Betriebe des Steuerpflichtigen dauernd gewidmeten Gegenstände,[4] die im gewöhnlichen Verlaufe des Betriebes infolge ihrer Benützung zur Ertragserzielung abgenutzt werden und durch Gegenstände gleicher oder ähnlicher Art (Ersatzgegenstände)[5] von dem Steuerpflichtigen zu ersetzen sind, damit dieser seinen Betrieb in dem seitherigen Umfang[6] fortführen kann.

II Der Anschaffung oder Herstellung durch den Steuerpflichtigen im Sinne des Abs. 1 steht die Anschaffung oder Herstellung durch dessen Rechtsvorgänger[7] gleich, wenn der Steuerpflichtige das Unternehmen, dem der ersatzbedürftige Gegenstand gewidmet ist, von dem Rechtsvorgänger von Todes wegen oder als dessen Abkömmling auf Grund eines Übergabevertrags erworben hat.

III Zu den ersatzbedürftigen Gegenständen gehören ferner die nach dem 31. Dezember 1919 angeschafften oder hergestellten Ersatzgegenstände für die im Abs. 1 bezeichneten Gegenstände.

IV Zu den ersatzbedürftigen Gegenständen gehört regelmäßig nicht der Grund und Boden.[8]

DA. zu § 1. I Der § 1 grenzt die Voraussetzungen näher ab, unter denen Rücklagen gemäß § 59a gebildet werden dürfen. Er unterscheidet zunächst zwischen den „*ersatzbedürftigen Gegenständen*“, d. h. solchen Gegenständen, die durch andere zu ersetzen sind, und den „*Ersatzgegenständen*“, d. h. denjenigen Gegenständen, durch welche die ersatzbedürftigen Gegenstände nach ihrer Abnutzung ersetzt werden. *Rücklagen sind nur zulässig für „ersatzbedürftige Gegenstände“.* Hierunter versteht die Verordnung Gegenstände, die *vier Voraussetzungen* erfüllen:

1. Sie müssen dem land- oder forstwirtschaftlichen, gewerblichen oder bergbaulichen Betriebe des Steuerpflichtigen *dauernd gewidmet* sein, d. h. zum *Anlagekapital* gehören (z. B. Gebäude, Maschinen, Inventar, Zug- und Zuchttiere), womit die zur Veräußerung bestimmten Gegenstände (umlaufendes oder Betriebskapital, z. B. Wirtschaftserzeugnisse, Waren, Vorräte, das zum Verkaufe bestimmte Mastvieh) ausgeschlossen werden.

2. Es muß sich um Gegenstände handeln, die im gewöhnlichen Verlaufe des Betriebes infolge ihrer Benutzung zur Ertragserzielung *abgenutzt* werden, was wohl für alle Gegenstände des Anlagekapitals mit Ausnahme vom Grund und Boden zutrifft.

3. Ihr Ersatz durch Gegenstände gleicher oder ähnlicher Art (Ersatzgegenstände) muß *notwendig* sein, damit der Steuerpflichtige seinen Betrieb *in dem seitherigen Umfang* fortführen kann, d. h. Rücklagen sind nur zulässig für *Ersatzbeschaffungen*, nicht aber für Neuanschaffungen, d. h. für Gegenstände, die zur Geschäftserweiterung oder zur Vermehrung des Anlagekapitals angeschafft werden sollen.

4. Die Gegenstände müssen entweder

a) vom Steuerpflichtigen *vor dem 1. Januar 1920 angeschafft oder hergestellt* sein oder,

b) soweit die Anschaffung oder Herstellung *nach dem 31. Dezember 1919* erfolgt ist, *Ersatzgegenstände* für die vom Steuerpflichtigen *vor* dem 1. Januar 1920 angeschafften oder hergestellten ersatzbedürftigen Gegenstände bilden.

II Was zunächst die **vor** dem 1. Januar 1920 angeschafften oder hergestellten Gegenstände anlangt, so entsteht die Frage, *bis zu welchem* Zeitpunkt diese Gegenstände vorhanden gewesen sein müssen, um noch zu den ersatzbedürftigen Gegenständen gerechnet zu werden, da es nicht in der Absicht des Gesetzes liegen kann, für alle irgend einmal vorhanden gewesenen Gegenstände die Bildung von Rücklagen zuzulassen. Wenn der § 59a von den „zum Anlagekapital gehörigen“ Gegenständen spricht, so wird dies dahin auszulegen sein, daß die Gegenstände jedenfalls in dem Wirtschaftsjahr, in dem erstmalig die Bildung steuerfreier Rücklagen zulässig ist, also *in dem für die Veranlagung des Rechnungsjahrs 1920 maßgebenden Wirtschaftsjahr* als Bestandteile des Anlagekapitals *vorhanden gewesen* sein müssen. Daraus folgt, daß unter dem „*seitherigen*“ Umfang im Sinne des § 1 Abs. 1 der Verordnung derjenige Umfang zu verstehen sein wird, in dem das Unternehmen am Anfang dieses Wirtschaftsjahrs betrieben wurde. Die Verordnung enthält sich in Übereinstimmung mit dem Gesetz einer ausdrücklichen Bestimmung hierüber, um die endgültige Entscheidung der Rechtsprechung zu überlassen.

III Bei den nach dem 31. Dezember 1919 angeschafften oder hergestellten Gegenständen ist zu unterscheiden zwischen Gegenständen, deren Anschaffung eine Erweiterung des Anlagekapitals bedeutet (Neuanschaffungen) und solchen Gegenständen, die zum Ersatze der vor dem 1. Januar 1920 angeschafften oder hergestellten ersatzbedürftigen Gegenstände bestimmt sind (Ersatzbeschaffungen). Für die erste Gruppe von Gegenständen können deshalb keine Rücklagen zugelassen werden, weil diese Gegenstände bereits mit dem höheren Anschaffungs- und Herstellungspreis eingestellt und daher die gesamten Mehrkosten sofort abgeschrieben werden können; damit ist ein den Mehrkosten entsprechender Betrag bereits steuerfrei belassen und infolgedessen eine Rücklage nicht mehr erforderlich. Im Falle der Ersatzbeschaffung dagegen sind die Mehrkosten zu Lasten der Rücklage zu verrechnen, wodurch die Abschreibung ausgeglichen wird, so daß hier eine Rücklage für die spätere Ersatzbeschaffung nicht mehr zur Verfügung steht. Daher müssen in diesem Falle Rücklagen zugelassen, d. h. die Gegenstände zu den ersatzbedürftigen Gegenständen im Sinne des § 1 der Verordnung gerechnet werden. Derartige Gegenstände haben also eine doppelte Eigenschaft; sie sind Ersatzgegenstände im Verhältnis zu den ersatzbedürftigen Gegenständen, an deren Stelle sie getreten sind, und sie sind ersatzbedürftige Gegenstände im Verhältnis zu den Ersatzgegenständen, durch die sie ihrerseits später ersetzt werden sollen.

IV Für die Frage, ob ein Gegenstand nach Abs. 1 zu den ersatzbedürftigen Gegenständen gehört oder nicht, ist grundsätzlich der Zeitpunkt entscheidend, in dem der Gegenstand von dem Steuerpflichtigen angeschafft oder hergestellt ist. Wenn also z. B. der Steuerpflichtige das Unternehmen im Jahre 1920 mit Aktiven und Passiven gekauft hat, so gehören die dem Unternehmen gewidmeten Gegenstände nicht zu den ersatzbedürftigen Gegenständen, ohne Rücksicht darauf, wann sie von dem Veräußerer angeschafft oder hergestellt sind. Ebensowenig sind die später von dem Erwerber beschafften Ersatzgegenstände ersatzbedürftige Gegenstände im Sinne des § 1 Abs. 3. Nur in den in Abs. 2 bezeichneten Fällen des Erwerbs des ganzen Unternehmens steht die Anschaffung oder Herstellung durch den Rechtsvorgänger derjenigen durch den Steuerpflichtigen gleich, so daß hier die Zeit maßgebend ist, zu der die Gegenstände durch den Rechtsvorgänger angeschafft oder hergestellt sind. Als Erwerb von Todes wegen gilt der Erwerb durch Erbfolge, Vermächtnis, Schenkung von Todes wegen und Fortsetzung einer Gütergemeinschaft. Nicht hierher gehört dagegen der Übergang eines Unternehmens oder eines Anteils daran durch Erbteilung, Auseinandersetzung über ein Gesamtgut, Begründung oder Aufhebung einer Gütergemeinschaft oder Schenkung unter Lebenden, ebensowenig der Erwerb einzelner Gegenstände von Todes wegen.

V Im § 1 Abs. 4 ist klargestellt, daß der **Grund und Boden** regelmäßig nicht zu den ersatzbedürftigen Gegenständen gehört, da er im allgemeinen nicht der Abnutzung unterliegt und nicht durch andere Bodenflächen ersetzt zu werden pflegt. Ausnahmen sind aber möglich, z. B. im Bergwerksbetriebe bei Halden, wo durch die Lagerung der geförderten Erze oder Kohlen die Bodenfläche abgenutzt wird, so daß für diese Zwecke später neues Gelände erworben werden muß. Voraussetzung ist jedoch stets, daß ein Ersatz durch eine andere Bodenfläche in Frage kommt; daher gehört der Grund und Boden nicht schon deshalb zu den ersatzbedürftigen Gegenständen, weil an einer und derselben Bodenfläche, ohne daß sie durch eine andere ersetzt wird, von Zeit zu Zeit größere Wiederherstellungsarbeiten (Rigolen, Entwässerungen, Aufschüttungen usw.) vorzunehmen sind.

1. „Ersatzbedürftige Gegenstände“: Es wird in der Verordnung unterschieden zwischen „Ersatzbedürftigen Gegenständen“ und „Ersatzgegenständen“. Daraus ergibt sich schon, daß unter „Ersatzgegenstand“ nicht derjenige Gegenstand verstanden wird, der ersetzt werden muß, etwa weil er abgenützt und deshalb nicht mehr brauchbar ist (das ist der „ersatzbedürftige Gegenstand“!), sondern der als Ersatz dienende Gegenstand zu verstehen ist. Vgl. die gleiche Terminologie bei Kuhn, Das Einkommensteuergesetz, S. 289 Anm. 7 zu § 59a (Kuhn war Referent des Reichsfinanzministeriums für die Einkommensteuernovelle und hat ohne Zweifel auch an der Wortfassung der Novelle einen maßgebenden Anteil genommen) und DA. Abs. I.

2. „Im Sinne der Verordnung“ sind ersatzbedürftige Gegenstände nur solche zum Anlagekapital gehörige, verbrauchbare Gegenstände, die vor dem 1. Januar 1920 beschafft oder nach dem 31. Dezember 1919 als Ersatz für solche Gegenstände angeschafft oder hergestellt wurden (§ 1 Abs. I in Verbindung mit Abs. III). Was die letztere Eventualität betrifft vgl. die Dienstanw. Abs. III.

„Ersatzbedürftig“ im Sinne der Verordnung sind also alle diejenigen Gegenstände, wenn auch sonst die Voraussetzungen der Ersatzbedürftigkeit gegeben wären, nicht die nach dem 31. Januar 1920 beschafft wurden ohne einen Ersatz von bereits vorhandenen Gegenständen zu bilden. Auf letztere Gegenstände (also insbesondere auf alle Gegenstände, die der Betriebserweiterung nach dem 31. Dezember dienen) finden die Bestimmungen des § 59a und seiner Ausführungsbestimmungen keine Anwendung. Dies haben auch die Antragsteller im Reichstagsausschuß ausdrücklich betont, wenn sie ausführten: „Die auf diese Weise gebildete Rücklage soll nicht dazu verwendet werden, erstmalige Neuanschaffungen zu bestreiten.“ (Drucksache 1710 S. 52 und die DA. Abs. I Ziff. 3.)

Hiezu hat nach der amtlichen ungedruckten Niederschrift über die Beratung des Unterausschusses des 11. Ausschusses des Reichstags über den Entwurf einer Verordnung zur Ausführung des § 59a ein Regierungsvertreter folgende Ausführungen gemacht: „Wenn der § 59a von der Bildung von Rücklagen für die „zum ..... Anlagekapital gehörigen Gegenstände“ spreche, so könne dies nur dahin ausgelegt werden, daß die Gegenstände, wenn nicht zu dem Zeitpunkt, in dem die Rücklage gebildet werde, also am Ende des betreffenden Wirtschaftsjahres, so doch zum mindesten in dem ersten Wirtschaftsjahre, in dem die Rücklagen gebildet werden konnten, also im Kalenderjahr 1920, falls sich das Wirtschaftsjahr mit diesem decke, sonst in dem im Kalenderjahre 1920 endenden Wirtschaftsjahre zum Anlagekapital gehört haben müßten, womit die vorher dem Betrieb entzogenen Gegenstände auszuscheiden hätten.“

Damit scheiden — was von Ausschußmitgliedern lebhaft beklagt wurde — die zahlreichen Gegenstände, die während des Krieges beschlagnahmt, abgenutzt usw. und noch nicht wieder ersetzt wurden, als „ersatzbedürftige Gegenstände“ im Sinne der Verordnung aus (z. B. Handelsschiffe und nicht ersetztes lebendes Inventar der Landwirtschaft). Ebenso die Dienstanweisung Abs. II.

Doch findet auf letztere Gegenstände die Bestimmung des § 33a der Einkommensteuernovelle Anwendung und kann auch event. infolge ihrer Anschaffung Anlaß zu einer Abschreibung wegen Gesamtentwertung gegeben sein. Was die Anwendbarkeit des § 33a betrifft, so machte ein Regierungsvertreter nach der eben erwähnten Niederschrift folgende Ausführungen: Die nach dem 31. Dezember 1919 angeschafften oder hergestellten Gegenstände seien deshalb auszuschließen, weil der Steuerpflichtige diese Gegenstände bereits zu den gegenwärtigen hohen Preisen erworben habe und auf diese Preise in voller Höhe Abschreibungen machen könne, so daß bereits hierdurch eine Rückstellung für den späteren Anschaffungspreis gebildet sei und somit kein Anlaß bestehe, noch besondere Rücklagen für die Mehrkosten zuzulassen. S. auch unten § 7 Anm. II. Hinsichtlich der Ausnahme, die für die nach dem 31. Dezember 1919 beschafften Gegenstände gemacht wird, die als „Ersatzgegenstände“ für vor dem 1. Januar 1920 beschaffte „ersatzbedürftige Gegenstände“ dienen, s. DA. Abs. I Ziff. 4b und Abs. III.

3. „Vom Steuerpflichtigen“: Die Beschaffung muß vom Steuerpflichtigen erfolgt sein, es genügt nicht von seinem Rechtsvorgänger. S. DA. Abs. IV. Eine Ausnahme ist lediglich im Falle des Absatz 2 gegeben (Erwerb von Todes wegen oder von einem Abkömmling auf Grund eines Übergabevertrags. Hinsichtlich dieser Terminologie, die sich an § 20 ErbStG. anschließt vgl. DA. Abs. IV und Erler-Koppe S. 37ff.). Ob sich diese Bestimmung im Rahmen des § 59a hält, erscheint zum mindesten sehr zweifelhaft. Mit Recht führt hiezu Mainzer aus, daß, da das Gesetz jedem Steuerpflichtigen gestattet Rücklagen zu machen, es keinen Unterschied machen könne, ob einzelne, ersatzbedürftige Gegenstände vom Steuerpflichtigen selbst angeschafft oder hergestellt seien oder ob sie von ihm als Teile einer Sachgesamtheit erworben seien.

4. „Dauernd gewidmete Gegenstände“: Der Begriff ist der RAO. (§ 139 Abs. II) entnommen, die ihrerseits sich eng an den § 261 Ziff. III HGB. anschließt. Es fällt darunter alles das, was die Volkswirtschaftslehre mit dem Ausdruck konstantes Kapital bezeichnet, das sogenannte Anlagekapital der Betriebswirtschaftslehre, d. h. die Gegenstände, die nicht zur Weiterveräußerung, sondern zur Aufrechterhaltung des Betriebes bestimmt sind. Eine Einschränkung gegenüber dem Begriff der RAO. ist aber insoferne gegeben, als nur solches Anlagevermögen unter die Bestimmung der RAOVerordnung fällt, das sich durch Verbrauch abnützt und zur Weiterführung des Betriebes durch einen Gegenstand gleicher oder ähnlicher Art ersetzt werden muß. Vgl. auch die Kommentare zu §§ 33a und 59a des EinkommenStG. Die Begriffe „die zum Anlagekapital gehörenden Gegenstände“ (§ 59a) und „die dauernd dem Betrieb gewidmeten Gegenstände“ sind identisch. Dagegen umfassen „die Gegenstände des Betriebsvermögens“ (§ 33a EStG.) sowohl das Anlagekapital als auch das umlaufende Kapital. Ebenso Dienstanweisung Einleitung Abs. II, oben abgedruckt S. 20.

Nicht darunter fallen die sogenannten Umlaufwerte (Variables Kapital), die nach ihrer Zweckbestimmung dem wirtschaftlichen Umlauf zugeführt werden sollen, die Waren und Rohstoffe, Betriebsvorräte und Halbfabrikate (DA. Abs. I Ziff. 1).

Derselbe Gegenstand kann unter Umständen — je nach seiner Zweckbestimmung im einzelnen Falle — zu den „dauernd gewidmeten" Gegenständen gehören oder nicht. Dies kommt in folgender Antwort eines Regierungsvertreters auf die Frage, ob das Vieh des Landwirts zu den dauernd gewidmeten Gegenständen gehöre, zum Ausdruck. Dieser erwiderte nach der „Niederschrift" auf die eben erwähnte Frage, „daß dies davon abhänge, ob die Viehstücke zum Anlagekapital gehören, d. h. dauernd dem Betrieb gewidmet seien, z. B. Zug- und Zuchtvieh, oder ob es sich um Betriebskapital handele, d. h. das Vieh zum Verkauf bestimmt sei, z. B. Mastvieh. Im ersten Falle gehöre es zu den ersatzbedürftigen Gegenständen, im zweiten Falle dagegen nicht. Ob ein Viehstück zu der einen oder anderen Gruppe gehöre, könne nur nach den Umständen des Einzelfalles entschieden werden. Übrigens habe sich die Rechtsprechung des preußischen Oberverwaltungsgerichts eingehend mit dieser Frage beschäftigt." Das Zug- und Zuchtvieh ist denn auch in der DA. in Abs. I Ziff. 1 „zu § 1" ausdrücklich aufgeführt.

Die Begriffe „landwirtschaftlich", „forstwirtschaftlich", „gewerblich" und „bergbaulich" sind hier in demselben Sinne gebraucht, wie in § 6 Ziff. II des Reichsnotopfergesetzes (vgl. hiezu z. B. Fürnrohr, Reichsnotopfergesetz S. 36), demgemäß ist auch keine gewerbliche Tätigkeit im Sinne dieser Verordnung, die Ausübung eines amtlichen Berufes, die wissenschaftliche, künstlerische, schriftstellerische, erziehende Tätigkeit, die Tätigkeit eines Anwaltes, Arztes, Architekten oder ähnliche Berufe.

Ob man z. B. bei Maschinen, die früher der Herstellung von Munition dienten und jetzt ausrangiert sind, weil dieser Betriebszweck weggefallen ist, „von einer dauernden Widmung" sprechen kann (verneint von Mainzer), erscheint unnötig zu untersuchen, weil bei solchen Gegenständen auch nicht die andere Voraussetzung für die Anwendbarkeit der Ausführungsbestimmungen gegeben ist, nämlich, daß sie durch Gegenstände gleicher oder ähnlicher Art ersetzt werden. Wohl aber ist diese Voraussetzung nach der DA. Abs. II zu § 8 auch dann gegeben, wenn der ersatzbedürftige Gegenstand „infolge einer Erfindung" ersetzt werden muß, oder weil er vernichtet wurde oder sonst zu Verlust geriet.

Eine andere Frage ist aber, inwieweit durch die Notwendigkeit der Anschaffung anderer Maschinen nicht eine Gesamtentwertung des Unternehmens gegeben ist (s. hiezu die Ausführungen unter VII zu § 2). Wegen des Grund und Bodens vgl. Anmerkung 8. Damit beantwortet sich auch die von Kracht in der „Allg. Steuerrundschau" aufgeworfene Frage, ob § 59a auch auf Umstellungsrücklagen Anwendung finde, in verneinendem Sinne.

5. **„Ersatzgegenstände"**: S. Anmerkung 1.

6. **„Seitheriger Umfang"**: Damit gehören nicht hierher Gegenstände, die zur Vergrößerung des Betriebes dienen und da Abs. III des § 1 auf Abs. I Bezug nimmt, fallen auch Neuanschaffungen nach dem 31. Dezember 1919, soweit sie sich nicht als Ersatzanschaffungen darstellen, nicht unter die Ausführungsbestimmungen. Vgl. auch Anm. 1 am Schluß.

7. „**Rechtsvorgänger**": S. Anmerkungen 2 und 3.

8. **Grund und Boden** wird im allgemeinen nicht unter die Ausführungsbestimmungen fallen, da es sich ja in der Regel infolge des Gebrauchs nicht abnützt. Dies ist aber anders, wenn Grund und Boden als Betriebskapital einer Abnützung unterliegt. Insoweit hat auch bisher die Rechtsprechung und Literatur den Grund und Boden genau so behandelt, wie anderes konstantes Kapital, das der Abnützung unterliegt und insbesondere auch das Recht zu Abschreibungen anerkannt. Vgl. OVGSt. Bd. 8 S. 223, Mrozek-Arlt, Wertermittelung S. 202. Insoweit wollen auch die Ausführungsbestimmungen den Grund und Boden den übrigen „ersatzbedürftigen Gegenständen" im Sinne der Verordnung gleichstellen, was sie durch Einsetzen des Wortes „regelmäßig" zum Ausdruck bringen, während im Entwurf das Wort „grundsätzlich" stand. S. DA. Abs. V. Vgl. ferner Mrozek-Arlt a. a. O., ferner Mrozek in „Deutsches Steuerblatt" 1921 S. 486.

§ 2.

I Für die Bemessung der zulässigen steuerfreien Rücklagen werden die Kosten, die vom Steuerpflichtigen voraussichtlich für den Ersatz eines ersatzbedürftigen Gegenstandes über den gemeinen Wert des Ersatzgegenstandes hinaus aufgewendet werden müssen (voraussichtliche Mehrkosten), bis auf weiteres festgesetzt

auf das Sechsfache des Anschaffungs- oder Herstellungspreises des ersatzbedürftigen Gegenstandes, wenn dieser von dem Steuerpflichtigen vor dem 1. Januar 1916 angeschafft oder hergestellt worden ist;

auf das Dreifache des Anschaffungs- oder Herstellungspreises des ersatzbedürftigen Gegenstandes, wenn dieser von dem Steuerpflichtigen nach dem 31. Dezember 1915, aber vor dem 1. Januar 1919 angeschafft oder hergestellt worden ist;

auf das Doppelte des Anschaffungs- oder Herstellungspreises des ersatzbedürftigen Gegenstandes, wenn dieser von dem Steuerpflichtigen nach dem 31. Dezember 1918, aber vor dem 1. Januar 1920 angeschafft oder hergestellt worden ist.

II Die Vorschrift des § 1 Abs. 2 findet entsprechende Anwendung.

III Kann der Steuerpflichtige den Anschaffungs- oder Herstellungspreis für einen ersatzbedürftigen Gegenstand nicht nachweisen, so ist für diesen Gegenstand als Anschaffungs- oder Herstellungspreis der Preis anzunehmen, der im Zeitpunkt der Anschaffung oder Herstellung für einen Gegenstand gleicher Art aufzuwenden gewesen wäre.

IV Kann der Steuerpflichtige die nach Abs. 1 maßgebende Zeit der Anschaffung oder Herstellung für einen ersatzbedürftigen Gegenstand nicht nachweisen, so ist für diesen Gegenstand als Zeit der Anschaffung oder Herstellung das Kalenderjahr 1919 anzunehmen.

V Kann der Steuerpflichtige weder den Anschaffungs- oder Herstellungspreis noch die nach Abs. 1 maßgebende Zeit der Anschaffung oder Herstellung für einen ersatzbedürftigen Gegenstand nachweisen, so berechnen sich die Mehrkosten für diesen Gegenstand auf das Sechsfache des Anschaffungs- oder Herstellungspreises, der für einen Gegenstand gleicher Art am 31. Dezember 1913 aufzuwenden gewesen wäre.

VI Die Vorschriften des Abs. 3, 5 finden entsprechende Anwendung, wenn für einen ersatzbedürftigen Gegenstand ein Anschaffungs- oder Herstellungspreis nicht gegeben ist.

VII Die voraussichtlichen Mehrkosten für den Ersatz eines nach dem 31. Dezember 1919 angeschafften oder hergestellten Gegenstandes, der nach § 1 Abs. 3 zu den ersatzbedürftigen Gegenständen gehört, bestehen in dem Betrage, der bei der Anschaffung oder Herstellung dieses Gegenstandes gemäß § 8 Abs. 1, 2 zu Lasten der Rücklage verrechnet worden ist.

DA. zu § 2. I Im § 2 ist der Rechnungsfaktor festgesetzt, mit dessen Hilfe die Höhe der Mehrkosten und damit die Grundlage für die Rücklagen ermittelt werden kann (vgl. Bericht des 11. Ausschusses, Reichstagsdrucksache 1921 Nr. 1710 S. 23/24). Die **voraussichtlichen Mehrkosten** werden bemessen nach dem Anschaffungs- oder Herstellungspreise des ersatzbedürftigen Gegenstands, und zwar unter Berücksichtigung der Anschaffungs- oder Herstellungszeit. Ist also beispielsweise ein ersatzbedürftiger Gegenstand im Jahre 1914 für 10 000 ℳ angeschafft worden, so betragen die voraussichtlichen Mehrkosten 6 × 10 000 = 60 000 ℳ. Wenn die Anschaffung im Jahre 1919 zu einem Preise von 30 000 ℳ erfolgt ist, so belaufen sich die voraussichtlichen Mehrkosten auf 2 × 30 000 ℳ = 60 000 ℳ.

II Maßgebend ist auch hier grundsätzlich diejenige **Zeit**, zu der die Gegenstände durch den Steuerpflichtigen angeschafft oder hergestellt sind; die Zeit der Anschaffung oder Herstellung durch einen Rechtsvorgänger **kommt** grundsätzlich nicht in Betracht. Hat also beispielsweise der Steuerpflichtige im Jahre 1919 das Unternehmen mit Aktiven und Passiven gekauft, so betragen die voraussichtlichen Mehrkosten das Doppelte des auf die ersatzbedürftigen Gegenstände entfallenden Teiles des Kaufpreises, ohne Rücksicht darauf, wann der Veräußerer die einzelnen Gegenstände angeschafft oder hergestellt hat. Nur in den im § 1 Abs. 2 bezeichneten Fällen steht nach § 2 Abs. 2 die Anschaffung oder Herstellung durch den Rechtsvorgänger derjenigen durch den Steuerpflichtigen gleich, so daß hier die Zeit maßgebend ist, zu der die Gegenstände durch den Rechtsvorgänger angeschafft oder hergestellt sind. Bei Berechnung der voraussichtlichen Mehrkosten ist danach stets festzustellen, ob zu der nach Abs. 1 maßgebenden Zeit der Steuerpflichtige Inhaber des Betriebs war oder ein Fall des § 1 Abs. 2 vorliegt. Hat der Steuerpflichtige das Unternehmen gegen Entgelt erworben, so ist derjenige Teil des Entgelts, der auf die einzelnen ersatzbedürftigen Gegenstände entfällt, durch Schätzung — nötigenfalls mit Hilfe von Sachverständigen — zu ermitteln; wenn dies nicht möglich ist, findet Abs. 3 Anwendung. Im Falle eines unentgeltlichen Erwerbs unter Lebenden gilt Abs. 6.

III Im **Abs. 3 bis 5** sind diejenigen Fälle geregelt, in denen der Steuerpflichtige für einen ersatzbedürftigen Gegenstand **entweder** den Anschaffungs- oder Herstellungs**preis** oder die nach Abs. 1 maßgebende **Zeit** der Anschaffung oder Herstellung oder **beides nicht nachweisen kann**. Dies wird namentlich dann vorkommen, wenn die Anschaffung oder Herstellung längere Zeit zurückliegt.

IV Ist nur der **Anschaffungs- oder Herstellungspreis nicht** nachweisbar, so ist als Anschaffungs- oder Herstellungspreis der Preis anzunehmen, der im Zeitpunkt der Anschaffung für einen Gegenstand gleicher Art aufzuwenden gewesen wäre (Abs. 3). Bei Ermittlung dieses Preises sind nötigenfalls Sachverständige heranzuziehen. Zu beachten ist, daß im Jahre 1919 die Preise sehr starken Schwankungen ausgesetzt waren, so daß bei den in diesem Jahre angeschafften oder hergestellten Gegenständen unter Umständen Durchschnittspreise anzunehmen sein werden. Die Vorschrift des Abs. 3 wird hauptsächlich dann zur Anwendung kommen, wenn der Steuerpflichtige das Unternehmen im ganzen käuflich erworben hat und sich der auf die einzelnen ersatzbedürftigen Gegenstände entfallende Teil des Kaufpreises nicht ermitteln läßt.

V Was die **Anschaffungs- oder Herstellungszeit** anlangt, so braucht der Steuerpflichtige für die Berechnung der Mehrkosten nicht den genauen Zeitpunkt der Anschaffung oder Herstellung, sondern **nur die nach Abs. 1 maßgebende Zeit** nachzuweisen. Ist also beispielsweise zwar der Zeitpunkt der Anschaffung oder Herstellung nicht nachweisbar, steht aber fest, daß sie jedenfalls vor dem 1. Januar 1916 erfolgt ist, dann sind die Mehrkosten mit dem Sechsfachen anzusetzen. Kann der Steuerpflichtige nicht nachweisen, ob der Gegenstand 1915 oder 1916 angeschafft oder hergestellt ist, läßt sich aber feststellen, daß die Anschaffung oder Herstellung jedenfalls vor dem 1. Januar 1919 liegt, so kommt der dreifache Satz zur Anwendung. Erst wenn für die Anschaffungs- oder Herstellungszeit überhaupt kein Nachweis erbracht werden kann, ist als Anschaffungs- oder Herstellungszeit gemäß Abs. 4 das Kalenderjahr 1919 anzunehmen und somit der doppelte Satz zugrunde zu legen. Als Beweismittel für die Anschaffungs- oder Herstellungszeit kommen außer den Handelsbüchern vor allem Rechnungen, Auskunft der Lieferanten oder Gutachten Sachverständiger in Frage; häufig wird auch die Höhe des nachgewiesenen Anschaffungs- oder Herstellungspreises einen Rückschluß auf die Zeit der Anschaffung oder Herstellung zulassen.

VI Wenn **weder** der **Preis noch** die Zeit der Anschaffung oder Herstellung nachweisbar ist, berechnen sich die Mehrkosten auf das Sechsfache des Anschaffungs- oder Herstellungspreises, der für einen Gegenstand gleicher Art am 31. Dezember 1913 aufzuwenden gewesen wäre (Abs. 5).

VII Falls ein Anschaffungs- oder Herstellungspreis **nicht gegeben** ist, z. B. bei unentgeltlichem Erwerbe des Unternehmens unter Lebenden oder beim Erwerb einzelner Gegenstände von Todes wegen, finden die Vorschriften des Abs. 3, 5 entsprechende Anwendung, d. h. die Regelung ist die gleiche, wie wenn der Anschaffungs- oder Herstellungspreis nicht nachgewiesen werden kann (Absatz 6).

VIII Die Anwendung der Bestimmungen des **Abs. 4 bis 6** setzt selbstverständlich immer voraus, daß die Anschaffung oder Herstellung des ersatzbedürftigen Gegenstands nachweislich vor dem 1. Januar 1920 liegt oder, wenn sie später erfolgt ist, daß es sich um einen Gegenstand handelt, der nach § 1 Abs. 3 zu den ersatzbedürftigen Gegenständen gehört. Kann der Steuerpflichtige diesen Nachweis nicht erbringen, so kommt eine Berechnung von Mehrkosten überhaupt nicht in Frage.

IX In allen Fällen ist darauf zu achten, daß der ersatzbedürftige Gegenstand für die Berechnung des Betriebs- oder Geschäftsgewinns nicht mit einem höheren Betrag eingesetzt wird, als dem Herstellungs- oder Anschaffungspreise, der nach Abs. 1 bis 6 der Berechnung der Mehrkosten zugrunde gelegt ist, da sonst die Möglichkeit bestände, durch Abschreibungen auf diesen höheren Betrag nochmals eine Rücklage zu bilden.

X Der **Abs. 7** bestimmt die voraussichtlichen Mehrkosten für diejenigen Gegenstände, die nach dem 31. Dezember 1919 angeschafft oder hergestellt sind und nach § 1 Abs. 3 zu den ersatzbedürftigen Gegenständen gehören, also Ersatzgegenstände für die vor dem 1. Januar 1920 angeschafften oder hergestellten ersatzbedürftigen Gegenstände bilden. Diese Mehrkosten bestehen in dem Betrage, der bei der Anschaffung oder Herstellung des Gegenstands gemäß § 8 Abs. 1, 2 zu Lasten der Rücklage verrechnet worden ist. Hieraus folgt, daß für solche Gegenstände Mehrkosten nur dann angesetzt werden können, wenn für den ersatzbedürftigen Gegenstand, an dessen Stelle dieser Gegenstand getreten ist, eine Rücklage gebildet war. Soweit eine solche Rücklage nicht bestanden hat oder nicht zur Deckung der Mehrkosten verwendet ist, kommen voraussichtliche Mehrkosten für die Ersatzbeschaffung nicht in Betracht. Dies gilt namentlich von allen denjenigen Gegenständen, die nach dem 31. Dezember 1919 in dem Wirtschaftsjahr angeschafft oder hergestellt sind, in dem erstmalig eine Rücklage gebildet werden konnte, d. h. in dem Wirtschaftsjahre, dessen Ergebnis der Veranlagung für das Rechnungsjahr 1920 zugrunde zu legen ist. Läuft beispielsweise dieses Wirtschaftsjahr vom 1. Juli 1919 bis zum 30. Juni 1920, so berechnen sich die voraussichtlichen Mehrkosten für die in der Zeit vom 1. Juli bis zum 31. Dezember 1919 angeschafften oder hergestellten ersatzbedürftigen Gegenstände nach Abs. 1 auf das Doppelte des Anschaffungs- oder Herstellungspreises, während für die in der Zeit vom 1. Januar bis zum 30. Juni 1920 angeschafften oder hergestellten ersatzbedürftigen Gegenstände voraussichtliche Mehrkosten nicht in Ansatz kommen, da eine Rücklage, aus der die Mehrkosten zu decken gewesen wären, noch nicht vorhanden ist und deshalb die tatsächlich entstandenen Mehrkosten sofort in voller Höhe abgeschrieben werden können.

I. Der „**gemeine Wert**" der Ersatzgegenstände im Sinne des § 2 der Ausführungsbestimmungen und des § 59a der Einkommensteuernovelle ist nicht der Wert, der dem Preis entspricht, der erzielt würde, wenn der Gegenstand im Augenblick der Bilanzaufstellung veräußert würde, sondern, da das Unternehmen ja weiter betrieben werden soll, der Wert, der voraussichtlich auf Dauer dem Gegenstande beizumessen ist (vgl. § 139 Abs. I RAO.). Im Reichstagsausschuß wollte man dies gelegentlich der Einfügung des § 59a EStG. dadurch zum Ausdruck bringen, daß man an Stelle des Wortes „gemeiner Wert" im § 59a die Worte „dauernder gemeiner Wert" setzte. Man hat dies jedoch, um die Wertlehre nicht noch mehr zu komplizieren, auf Veranlassung des Regierungsvertreters unterlassen (Drucksache 1710 S. 9). Hieraus ergibt sich, daß, wie Kuhn, Einkommensteuergesetz S. 291 ausführt, unter „gemeiner Wert" im Sinne des § 59a und damit auch obiger Bestimmung „keinesfalls der auf der Goldparität beruhende Friedensbeschaffungswert, oder ein sonstiger Friedenswert, daß hierunter aber auch nicht der Betrag zu verstehen ist, der unter den jetzigen schwankenden Geld- und Preisverhältnissen bei einer Veräußerung zu erzielen wäre. Als „gemeiner Wert" im Sinne des § 59a wird vielmehr der Wert zu verstehen sein, den der Ersatzgegenstand im Zeitpunkt seiner Beschaffung unter normalen, also gemeingewöhnlichen und dauernden Verhältnissen, insbesondere nach Einstellung des Markkurses auf ein im wesentlichen ständiges Verhältnis zur Goldparität, voraussichtlich haben wird. Solange der schlechte Markkurs anhält, wird dieser Wert hinter den jetzigen Preisen zurückbleiben, um sich bei besserndem Markkurs den Preisen immer mehr zu nähern, und beim Eintritt eines im wesentlichen ständigen Markkurses mit diesen ungefähr übereinstimmen." Dasselbe will die DA. zum Ausdruck bringen, wenn sie in Abs. IV „zu § 8" hinsichtlich des Begriffs des „gemeinen Wertes" im Sinne des § 59a und seiner AusfBest. auf § 138 RAO. verweist. Daß dem so ist — obwohl der Wortlaut des § 138 RAO. auch anderen Erwägungen Raum ließe —, ergibt sich daraus, daß die Reichsregierung in den Verhandlungen des 11. Ausschusses über den Entwurf der Einkommensteuernovelle vom 24. März 1921 mit Nachdruck hat erklären lassen, daß grundsätzlich als „gemeiner Wert" im Sinne der §§ 137ff. RAO. der Wert in Betracht komme, den der steuerbare Gegenstand am Stichtag selbst als einen dauernden habe (Drucksache 1710 S. 9). Ebenso der Standpunkt der Regierung schon gelegentlich der Beratung des Entwurfs der RAO. (Ausschußbericht S. 21/22) und in den Grunds. f. d. Werterm. nach dem Reichsnotopfergesetz (Zbl. f. d. Deutsche Reich 1920 S. 1425). Trotzdem muß obige Verweisung der DA. als wenig glücklich bezeichnet werden, da, wie gesagt, obige Auslegung im Wortlaut des § 138 Abs. 1 RAO. kaum eine Stütze findet und maßgebende Ausleger dieser Bestimmung (z. B. Arlt in dem Kommentar zur RAO. von Mrozek-Boethke) den Begriff anders ausgelegt haben (vgl. auch Erler-Koppe S. 24 und 106).

II. Demgemäß sind die „**verlorenen Mehrkosten**" die Differenz der Preise, die bei gleicher Erhaltung des Gegenstandes im Falle einer Veräußerung im Zeitpunkt der Ersatzbeschaffung und im Zeitpunkt, in dem sich wieder normale Verhältnisse eingestellt haben werden, sich ergeben würde. Vgl. Wassermann bei Zeiler, Wassermann, Mayer, Die Geldentwertung S. 21ff.

III. Das **Wesen der Rücklagen** im Sinne obiger Bestimmung wird bei Kuhn, Das Einkommensteuergesetz, S. 294, wie folgt, formuliert: „Die steuerfreien Rücklagen sind nichts weiter als Abschreibungen auf den Ersatzgegenstand, die bereits im Voraus zugelassen werden, während sie eigentlich erst in dem Jahre, in dem die Ersatzbeschaffung stattfindet, zulässig sein würden. . . . Abschreibungen auf das Gesamtunternehmen und Rücklagen haben den gleichen Zweck und auch die gleiche Wirkung; sie stellen Beträge im Voraus, mit Rücksicht auf einen späteren Verlust, steuerfrei, bewirken aber gleichzeitig, daß der Gewinn für das Jahr, in dem die Ersatzbeschaffung erfolgt und damit der Grund für die Abschreibung auf das Gesamtunternehmen weggefallen ist oder die Mehrkosten der Ersatzbeschaffung aus den Rücklagen bestritten wurden, sich um den Betrag der Abschreibung auf das Gesamtunternehmen oder den aus der Rücklage entnommenen Betrag gegenüber dem Gewinn höher stellt, der sich für das Jahr der Ersatzbeschaffung berechnet, wenn die Mehrkosten als Werbungskosten (Abschreibungen) in diesem Jahre abgesetzt würden." Hinsichtlich des Wesens der Rücklagen s. auch Anm. VI zu § 8. Die wirtschaftlich glückliche Parallele mit den Abschreibungen leidet daran, daß die Rücklagen Kapitalansammlungen und damit echte Reserven sind, während die Abschreibungen nur die Bedeutung von Wertberichtigungsposten (unechten Reserven) haben (vgl. Spieß in Mitt. 1921 S. 202). Demgemäß ist die „Rücklage" im Gegensatz zur „Abschreibung" auch erbschaftssteuerpfl. (Eckstein in DStZ. 1921, 240). Die Rücklagen unterscheiden sich ferner von den Abschreibungen wegen Entwertung des Gesamtunternehmens, wie solche nach der Rechtsprechung des Reichsfinanzhofes als zulässig erklärt worden sind, dadurch, daß ihre Zulässigkeit nicht an die Voraussetzung geknüpft ist, die der Reichsfinanzhof für die Abschreibung wegen Gesamtentwertung aufgestellt hat, daß nämlich die Gesamtheit der in der Bilanz aufgeführten Werte zu hoch beziffert ist, so daß sie einer Herabsetzung fähig und bedürftig erscheint (vgl. Urteil I A 227. 20 vom 11. Januar 1921 = Zeitgemäße Steuerfragen 2. Jahrg. 3. Monatsheft = Erler-Koppe S. 86 = Zeiler, Wassermann, Mayer S. 83 und die dort angezogenen weiteren Urteile sowie das Urteil I A 161/20 vom 24. September 1920 = Zeiler, Wassermann, Mayer S. 86 = Amtl. Samml. Bd. 2 S. 135f., Bd. 3 S. 4, 27, 166f., Bd. 4 S. 90 und 167). S. auch Anm. VII.

IV. Maßgebend **für die Höhe der Rücklagen** sollen nach dem Gesetz die „verlorenen Mehrkosten" sein (§ 59a). Da aber zu ihrer Bestimmung eine Gleichung notwendig ist, in der zwei Unbekannte figurieren, nämlich der heute noch unbekannte Preis des in Frage kommenden Ersatzgegenstandes, sowie der ebenfalls unbekannte dauernde „gemeine Wert" desselben, hat es der Reichsfinanzminister vorgezogen die „verlorenen Mehrkosten" — ebenso willkürlich als andererseits zweckmäßig — nach einem Vielfachen der ersatzbedürftigen Gegenstände zu bemessen. Wie man zu den tatsächlich gewählten Zahlenwerten kam, zeigt folgende Ausführung eines Regierungsvertreters, die sich in der ungedruckten amtlichen Niederschrift über die Verhandlungen des Unterausschusses des

11. Ausschusses des Reichstags, der vor Erlassung der Richtlinien gutachtlich gehört wurde, findet: „Gehe man davon aus, daß beispielsweise der künftige Anschaffungspreis des 15fache und der künftige gemeine Wert das 10fache des Friedenspreises betrage, so würden sich die Mehrkosten auf das 5fache des Friedenspreises belaufen. Setze man weiter voraus, daß im allgemeinen bis Ende 1915 die Friedenspreise gegolten haben und die Preise bis Ende 1918 auf das Doppelte, bis Ende 1919 auf das Dreifache gestiegen wären, so ergebe sich als Mehrkostenbetrag je nach der Anschaffungszeit des ersatzbedürftigen Gegenstandes das 5, 2½, 1½fache des Anschaffungspreises. Zu den gleichen Sätzen würde man gelangen bei einer 10fachen Verteuerung und einem 5fachen gemeinen Werte oder einer 20fachen Verteuerung und einem 15fachen gemeinen Werte." Die Beträge sind demnach nach oben abgerundet worden. Demgemäß ergibt sich folgende Regelung:

Die verlorenen Mehrkosten werden bestimmt:

A. Bei ersatzbedürftigen Gegenständen im Sinne dieser Verordnung (vgl. Anm. 2 zu § 1), die vor dem 1. Januar 1920 von dem Steuerpflichtigen beschafft (ererbt oder auf Grund Übergabevertrags von einem Abkömmling erworben, § 2 Abs. II in Verbindung mit § 1 Abs. II DA. Abs. II) worden sind und für die seit diesem Zeitpunkt noch keine Ersatzbeschaffung stattgefunden hat.

1. Wenn Beschaffungszeit und Preis bekannt sind:
   a) Wenn die Anschaffung vor dem 1. Januar 1920, aber nach dem 31. Dezember 1918 stattgefunden hat: das Doppelte.
   b) Wenn die Anschaffung vor dem 1. Januar 1919, aber nach dem 31. Dezember 1915 stattgefunden hat: das Dreifache.
   c) Wenn die Anschaffung vor dem 1. Januar 1916 stattgefunden hat: das Sechsfache.

   } Des Beschaffungspreises (§ 2 Abs. I. DA. Abs. I).

2. Wenn die Beschaffungszeit nicht bekannt ist, gelten die Gegenstände im Kalenderjahre 1919 beschafft, so daß also die rücklagefähigen „verlorenen Mehrkosten" das Doppelte des Beschaffungspreises betragen (§ 2 Abs. IV in Verbindung mit § 2 Abs. I und DA. Abs. V).

3. Wenn der Beschaffungspreis nicht bekannt ist, so ist (auf Grund Schätzung durch Sachverständige) derjenige Preis anzunehmen, der für einen Gegenstand gleicher Art aufzuwenden wäre (§ 2 Abs. III und DA. Abs. IV mit II).

4. Wenn weder Beschaffungszeit noch Beschaffungspreis bekannt sind, gelten die Gegenstände als am 31. Dezember 1013 beschafft, so daß der sechsfache Betrag derjenigen Summe rücklagefähig ist, der am gleichen Tag für einen Gegenstand gleicher Art anzulegen gewesen wäre (§ 2 Abs. V und DA. Abs. VI).

5. Wenn überhaupt keine Anschaffung oder Herstellung stattgefunden hat (etwa weil der Gegenstand ein Geschenk bildete, in einer Lotterie gewonnen wurde oder mit anderen Gegenständen erworben wurde, so daß sich eine Ausscheidung nicht ermöglichen läßt), finden die Grundsätze Anwendung, als ob es sich um einen

Erwerb handeln würde, bei dem Beschaffungszeit bzw. Beschaffungspreis unbekannt sind (§ 2 Abs. VI und DA. Abs. III).

B. Bei ersatzbedürftigen Gegenständen, die nach dem 1. Januar 1920 als Ersatz für vor dem 1. Januar beschaffte Gegenstände angeschafft oder hergestellt worden sind, sind bis auf weiteres 40% des Beschaffungspreises rücklagefähig (§ 2 Abs. VII in Verbindung mit § 8 Abs. I und II, DA. Abs. X).

V. Der **Anschaffungs- (Herstellungs) Preis.** Dieser Begriff findet sich bereits im § 261 HGB. und ist von dort in den § 139 Abs. II RAO. übergegangen. Hiezu machen Mrozek-Arlt S. 53 folg. Ausführungen. Unter „Anschaffungspreis" ist alles zu verstehen, was dazu aufgewendet wurde, um den Gegenstand anzuschaffen, also nicht nur der nackte Kaufpreis, sondern auch die Provisionen, Versicherungen, Steuern, der Stempel usw., die dabei verausgabt wurden. Bei Aufnahme eines Darlehens zum Zwecke der Herstellung einer Fabrikeinrichtung bildet die aufgenommene Summe einschließlich der dafür gezahlten Provision der Herstellungspreis für die Einrichtung (Bolze 6 Nr. 643; Staub Kom. zu HGB. § 261 Anm. 20, 30). Rabatte und Skonti kommen in Abzug (Staub a. a. O. Anm. 20).

Ob unter „Herstellungspreis" nicht nur der Betrag der Materialien und Löhne zu verstehen ist, sondern auch der Teil der allgemeinen Verwaltungskosten, der unmittelbar zu den mit der Herstellung in Verbindung stehenden Aufwendungen und Leistungen verwendet wurde, also die Ausgaben für die zur Aufsicht der Arbeiter bestimmten Personen, Meister, Techniker, Versicherungsbeiträge, Unterhaltung der Anlagen, ist bestritten (vgl. über diese Streitfrage Staub a. a. O. Anm. 21 mit Literaturnachweisen). Man wird mit Staub zum Herstellungspreis nur zu rechnen haben, was unmittelbar für die betreffende Ware verwendet, nicht aber das, was für das Unternehmen als solches aufgewendet wird.

VI. Beispiele: (teilweise nach Mainzer).[1])

Bezeichnung und Beschaffungszeit der ersatzbedürftigen Gegenstände	Tatsächlicher, bzw. angenommener Beschaffungspreis	Rücklagefähige Beträge in % des Beschaffungspreises	Rücklagefähige Beträge in Mark	Gesetzliche Bestimmungen
	ℳ	%	ℳ	
1. 2 Pferde angesch. 1913 .	4 000.—	600	24 000.—	§ 2 Abs. 1
2. 1 Maschine angesch. 1916	11 000.—	300	33 000.—	§ 2 Abs. 1
3. a) 1 Auto angesch. 1919 für 20 000 Mk. ersetzt 1920 durch ein solches . . .	50 000.—	40	20 000.—	§ 2 Abs. 7
b) 1 Auto, gleichzeitig angeschafft mit dem zu a) zum gleich Preis aber nicht ersetzt	20 000.—	200	40 000.—	§ 2 Abs. 1
4. 1 Kassenschrank, Anschaffungszeit unbekannt	600.—	200	1 200.—	§ 2 Abs. 4

[1]) Weitere Beispiele s. Muster A der Anlagen der DA.

Bezeichnung und Beschaffungszeit der ersatzbedürftigen Gegenstände	Tatsächlicher, bzw. angenommener Beschaffungspreis	Rücklagefähige Beträge in % des Beschaffungspreises	Rücklagefähige Beträge in Mark	Gesetzliche Bestimmungen
	ℳ	%	ℳ	
5. 20 Regale, Anschaffungszeit und Anschaffungspreis unbekannt (Wert 31. Dez. 13: 2000 Mk.)	2 000.—	600	12 000.—	§ 2 Abs. 5
6. 300 Kg. Transmissionsriemen, angeschafft 1917 auf Schleichwegen, Preis unbekannt (Höchstpreis 1917: 13 Mk p. Kg. . . .	3 900.—	300	11 700.—	§ 2 Abs. 3
7. 1 Landauer, Geburtstagsgeschenk 1912 (Wert 31. Dez. 1912: 2000 Mk.)	2 000.—	600	12 000.—	§ 2 Abs. 6

VII. „Abschreibungen". Die nach § 2 zulässigen Rücklagen sollen die „verlorenen Mehrkosten" des Ersatzgegenstandes decken. Neben ihnen können und müssen aber, nach den Grundsätzen der ordentlichen kaufmännischen Geschäftsführung, die regulären Abschreibungen des ersatzbedürftigen Gegenstands in der gleichen Weise, wie dies bisher üblich war, einhergehen (s. auch DA. zu § 3 Abs. XIV).

Nicht behandelt ist in den Ausführungsbestimmungen auch die Frage, in wie weit neben den Rücklagen im Sinne der Ausführungsbestimmungen, Abschreibungen wegen Entwertung des Gesamtunternehmens im Sinne der Rechtsprechung des Reichsfinanzhofs (vgl. die Anm. III) als zulässig erscheinen. Man wird sich mit Kuhn, Das Einkommensteuergesetz (S. 285, 287) auf den Standpunkt stellen, daß solche nach wie vor grundsätzlich zulässig bleiben, aber in soweit ausgeschlossen sind, als für die verlorenen Mehrkosten der künftigen Ersatzbeschaffung bereits Rücklagen gemacht worden sind, da sich der Betrag der Gesamtentwertung ja um den Betrag der Rücklagen vermindert. Zu der Frage der Gesamtabschreibungen vgl. außer der bei Zeiler, Wassermann, Mayer aufgeführten Literatur und der dort abgedruckten Abhandlung von Mayer, S. 9 folg., neuerdings auch Rosendorff, Ergänzungsband zur Ausgabe des Körperschaftssteuergesetzes, S. 43 folg. Verneint wird die Zulässigkeit der Berücksichtigung solcher Abschreibungen bei der Einkommensteuer von Erler-Koppe, Die Einkommensteuernovelle Anm. 10 zu § 33a. Neuerdings haben diese Autoren aber in ihrer Schrift „Steuerfreie Erneuerungsrücklagen" S. 23 und 74 offenbar diesen Standpunkt aufgegeben.

Die Verteilung der Rücklagen. § 3.

I **Der Betrag der nach § 2 für den einzelnen ersatzbedürftigen Gegenstand ermittelten voraussichtlichen Mehrkosten ist** auf die im Verteilungszeitraume liegenden vollen Wirtschaftsjahre gleichmäßig zu verteilen. Der Verteilungszeitraum läuft vom Beginne des Wirtschaftsjahrs, dessen Ergebnis der Veranlagung zur Einkommensteuer für das Rechnungsjahr 1920 zugrunde zu legen ist, bis zum Ende des Wirtschaftsjahrs, das dem Wirtschaftsjahre vorangeht, in dem die Ersatzbeschaffung voraussichtlich erfolgen wird. Bei den nach dem 31. Dezember 1919 angeschafften oder hergestellten ersatzbedürftigen Gegenständen beginnt der Verteilungszeitraum mit dem Wirtschaftsjahr, in dem diese Gegenstände angeschafft oder hergestellt sind. Der Gesamtbetrag der hiernach auf ein Wirtschaftsjahr entfallenden Anteile an den voraussichtlichen Mehrkosten der einzelnen ersatzbedürftigen Gegenstände ist als steuerfreie Rücklage im Sinne des § 59a des Einkommensteuergesetzes bei Berechnung des Betriebs- oder Geschäftsgewinns im Sinne der §§ 32, 33 des Einkommensteuergesetzes für die Wirtschaftsjahre in Abzug zu bringen, deren Ergebnisse der Veranlagung zur Einkommensteuer für die Rechnungsjahre 1920 bis 1926 zugrunde zu legen sind.

II Nach Ablauf des Verteilungszeitraums sind weitere Rücklagen für einen ersatzbedürftigen Gegenstand nicht mehr zulässig; das gleiche gilt, wenn der ersatzbedürftige Gegenstand ersetzt worden ist.

DA. zu § 3. I Der § 3 trifft Bestimmungen darüber, wie auf Grund der nach § 2 ermittelten voraussichtlichen Mehrkosten die **steuerfreie Rücklage** für die einzelnen Wirtschaftsjahre zu berechnen ist.

II Zu diesem Zwecke ist zunächst für jeden ersatzbedürftigen Gegenstand der **Verteilungszeitraum** zu ermitteln, d. h. der Zeitraum, auf den die voraussichtlichen Mehrkosten dieses Gegenstands zu verteilen sind.

III Der Verteilungszeitraum **beginnt** stets mit demjenigen Wirtschaftsjahr, in dem erstmalig steuerfreie Rücklagen gebildet werden können. Hierbei ist zu unterscheiden, ob der ersatzbedürftige Gegenstand vor dem 1. Januar 1920 oder ob er später angeschafft oder hergestellt ist. Bei den vor diesem Zeitpunkt angeschafften oder hergestellten ersatzbedürftigen Gegenständen beginnt der Verteilungszeitraum mit dem Wirtschaftsjahre, dessen Ergebnis der Veranlagung für das Rechnungsjahr 1920 zugrunde zu legen ist. Bei den nach dem 31. Dezember 1919 angeschafften oder hergestellten Gegenständen, die nach § 1 Abs. 3 zu den ersatzbedürftigen Gegenständen gehören, beginnt der Verteilungszeitraum mit dem Wirtschaftsjahr, in dem diese Gegenstände angeschafft oder hergestellt sind. Läuft also beispielsweise das Wirtschaftsjahr eines Steuerpflichtigen vom 1. Juli bis zum 30. Juni und ist ein ersatzbedürftiger Gegenstand im Jahre 1913 angeschafft, so beginnt der Verteilungszeitraum mit dem 1. Juli 1919; ist die Anschaffung im April 1923 erfolgt, so beginnt der Verteilungszeitraum mit dem 1. Juli 1922; hat sie im Oktober 1923 stattgefunden, so beginnt er mit dem 1. Juli 1923.

IV Das **Ende** des Verteilungszeitraums fällt auf den Schluß desjenigen Wirtschaftsjahrs, in dem für einen ersatzbedürftigen Gegenstand die Bildung von Rücklagen — wenn auch nicht von steuerfreien — zum letzten Male möglich sein wird; dies ist in allen Fällen das Wirtschaftsjahr, das dem Wirtschaftsjahre vorangeht, in dem die Ersatzbeschaffung voraussichtlich erfolgen wird. Ist also beispielsweise anzunehmen, daß die Ersatzbeschaffung in dem vom 1. Juli 1928 bis zum 30. Juni 1929 laufenden Wirtschaftsjahr erfolgen wird, so endet der Verteilungszeitraum für den betreffenden Gegenstand mit dem 30. Juni 1928. Für Ersatzbeschaffungen in dem im Kalenderjahr 1920 endenden Wirtschaftsjahr ist die Bildung von Rücklagen also nicht möglich.

V Der **Zeitpunkt der voraussichtlichen Ersatzbeschaffung** wird in der Regel von der voraussichtlichen Gebrauchsdauer des ersatzbedürftigen Gegenstands abhängen, d. h. davon, wann der Gegenstand voraussichtlich im gewöhnlichen Verlaufe des Betriebs infolge seiner Benutzung zur Ertragserzielung abgenutzt und daher durch einen Gegenstand gleicher Art, den Ersatzgegenstand, zu ersetzen sein wird. Die voraussichtliche Gebrauchsdauer wird nötigenfalls mit Hilfe von Sachverständigen zu ermitteln sein; im Durchschnitt wird sie bei Maschinen mit 10 bis 15 Jahren, bei Gebäuden mit 40 bis 50 Jahren angenommen werden können. Hat also beispielsweise ein Ende 1914 angeschaffte Maschine eine voraussichtliche Gebrauchsdauer von 15 Jahren, so wird sie voraussichtlich Ende 1929 ersetzt werden müssen. Demnach endet der Verteilungszeitraum für diese Maschine, falls das Wirtschaftsjahr vom 1. Juli bis zum 30. Juni läuft, mit dem 30. Juni 1929.

VI Besonderes gilt für diejenigen ersatzbedürftigen Gegenstände, die im Laufe des ersten für Rücklagen in Betracht kommenden Wirtschaftsjahrs, also in dem im Kalenderjahr 1920 endenden Wirtschaftsjahr infolge von Abnutzung oder aus anderen Gründen aus dem Betrieb ausgeschieden werden und daher am Schlusse dieses Wirtschaftsjahrs **nicht mehr vorhanden** gewesen sind. Da bei diesen Gegenständen eine voraussichtliche Gebrauchsdauer nicht gegeben ist, so muß hier auf andere Weise ermittelt werden, wann voraussichtlich die Ersatzbeschaffung erfolgen wird. Ist anzunehmen, daß sie bereits im nächsten Wirtschaftsjahre stattfinden wird, so beschränkt sich der Verteilungszeitraum auf das Wirtschaftsjahr 1919/20. Es ist aber auch möglich, daß die Ersatzbeschaffung erst später erfolgen kann, z. B. wenn die Herstellung des Ersatzgegenstandes längere Zeit in Anspruch nimmt, wie bei Gebäuden, Schiffen u. dgl., oder wenn der Ersatzgegenstand, etwa wegen seines hohen Preises, vorläufig nicht zu beschaffen ist. Dann ist nach den Umständen des einzelnen Falles der Zeitpunkt der voraussichtlichen Ersatzbeschaffung zu ermitteln und danach der Verteilungszeitraum zu berechnen.

VII Der Verteilungszeitraum wird nach denjenigen Umständen berechnet, die im Augenblick seiner Feststellung vorliegen; ändert sich später die Beurteilung der voraussichtlichen Gebrauchsdauer oder des Zeitpunktes der voraussichtlichen Ersatzbeschaffung, z. B. infolge einer schnelleren Abnutzung, als vorausgesehen war, so findet eine anderweite Feststellung des Verteilungszeitraums nicht statt.

VIII Nachdem der Verteilungszeitraum festgestellt ist, sind die nach § 2 Abs. 1 bis 6 oder Abs. 7 für den einzelnen ersatzbedürftigen Gegenstand berechneten voraussichtlichen **Mehrkosten** auf den für diesen Gegenstand ermittelten Verteilungszeitraum in der Weise zu **verteilen**, daß auf jedes der im Verteilungszeitraum liegenden vollen Wirtschaftsjahre ein gleicher Anteil entfällt. Zu beachten ist hierbei, daß die Verteilung auf den Verteilungszeitraum und nicht etwa auf die gesamte voraussichtliche Gebrauchsdauer des ersatzbedürftigen Gegenstands vorzunehmen ist, daß also die vor Beginn des Verteilungszeitraums liegende Zeit der Gesamtgebrauchsdauer unberücksichtigt bleibt. Wenn beispielsweise für einen im Jahre 1914 für 100 000 ℳ angeschafften ersatzbedürftigen Gegenstand die Mehrkosten nach § 2 auf 600 000 ℳ berechnet sind, die voraussichtliche Gebrauchsdauer des Gegenstands 15 Jahre beträgt und der Verteilungszeitraum somit vom 1. Juli 1919 bis zum 30. Juni 1929 läuft, dann sind die 600 000 ℳ auf die vom 1. Juli 1919 bis zum 30. Juni 1929 laufenden vollen Wirtschaftsjahre zu verteilen, so daß auf jedes in diesem Zeitraum liegende Wirtschaftsjahr 60 000 ℳ entfallen. Dieser auf das einzelne Wirtschaftsjahr entfallende Anteil an den voraussichtlichen Mehrkosten bildet die jährliche Rücklage für den einzelnen ersatzbedürftigen Gegenstand.

IX Sind nach diesen Grundsätzen die jährlichen Rücklagen für die einzelnen ersatzbedürftigen Gegenstände berechnet, so sind die danach auf jedes Wirtschaftsjahr entfallenden Rücklagenbeträge zusammenzurechnen. Der sich dann für das einzelne Wirtschaftsjahr ergebende Gesamtbetrag bildet die **steuerfreie Rücklage** im Sinne des § 59 a, die von dem Betriebs- oder Geschäftsgewinne dieses Wirtschaftsjahrs abzusetzen ist. Die in den einzelnen Wirtschaftsjahren gebildeten Rücklagen sind auf der Passivseite der Bilanz einzustellen und zu einem Gesamtbetrag anzusammeln, von dem dann im Falle einer Ersatzbeschaffung die zur Bestreitung der Mehrkosten verwendeten Beträge abgebucht werden (vgl. zu § 8).

X Ein **Beispiel** für die Berechnung der voraussichtlichen Mehrkosten und der Rücklagen findet sich im Muster A, Anlage 1 und 3. Es wird sich empfehlen, die Berechnung der Mehrkosten und Rücklagen auf einem Berechnungsbogen nach dem gleichen Muster auszuführen.

XI Die Berechnung des Verteilungszeitraums und der auf die einzelnen Wirtschaftsjahre entfallenden Rücklage wird dadurch nicht berührt, daß der in den einzelnen Wirtschaftsjahren erzielte Geschäfts- oder Betriebsgewinn zur Deckung der Rücklage nicht ausreicht oder daß ein Gewinn überhaupt nicht vorhanden ist. Dadurch wird weder der Verteilungszeitraum verlängert noch die Rücklage für die folgenden Wirtschaftsjahre erhöht.

XII Anderseits wird die Absetzung der Rücklage nicht dadurch ausgeschlossen, daß der ersatzbedürftige Gegenstand vor Ablauf des Verteilungszeitraums infolge von Abnutzung oder aus anderen Gründen aus dem Betrieb ausgeschieden ist. Nur dann, wenn die Ersatzbeschaffung erfolgt ist, sind weitere Rücklagen für den ersatzbedürftigen

Gegenstand nicht mehr zulässig, desgleichen nicht nach Ablauf des Verteilungszeitraums, weil dann die zulässige Rücklage in voller Höhe gebildet ist (Abs. 2).

XIII **Steuerfrei** sind nur diejenigen Rücklagen, die auf die Wirtschaftsjahre entfallen, deren Ergebnis der Veranlagung für die Rechnungsjahre 1920 bis 1926 zugrunde zu legen sind. Hieraus folgt, daß nur die Rücklagen für diejenigen ersatzbedürftigen Gegenstände in voller Höhe steuerfrei sind, die voraussichtlich bis zum Schlusse des im Kalenderjahre 1926 endenden Wirtschaftsjahrs ersetzt werden müssen. Da der Steuerpflichtige deshalb ein Interesse daran hat, den Verteilungszeitraum so zu bemessen, daß er ganz oder zu einem möglichst großen Teile in diesen Zeitabschnitt hineinfällt, so werden die Angaben des Steuerpflichtigen über die voraussichtliche Gebrauchsdauer des ersatzbedürftigen Gegenstandes und den Zeitpunkt der voraussichtlichen Ersatzbeschaffung besonders sorgfältig zu prüfen sein.

XIV Neben den Rücklagen, die für die Ersatzbeschaffung gemacht werden, sind selbstverständlich die **gewöhnlichen Absetzungen** (§ 13 Nr. 1, b EStG.) und **Abschreibungen** (§ 33a EStG.) auf den ersatzbedürftigen Gegenstand zulässig.

I. Die gleichmäßige Verteilung auf die im Verteilungszeitraum folgenden Wirtschaftsjahre (DA. Abs. VIII): diese Bestimmung ist entgegen den Wünschen der Industrie, die volle Freiheit in der Verteilung auf die einzelnen Geschäftsjahre wünschte, in die Ausführungsbestimmungen gekommen. Es erscheint sehr zweifelhaft, ob der Reichsfinanzminister berechtigt war, eine solche Bestimmung zu erlassen. Die Wirkung der Bestimmung ist, daß die Rücklageberechtigten in guten Jahren nicht in der Lage sind, höhere Rückstellungen als in schlechten Jahren vorzunehmen, während sehr wohl der Fall eintreten kann, daß ihnen in schlechten Jahren überhaupt die Möglichkeit abgeschnitten ist, Rückstellungen steuerfrei vorzunehmen. Vgl. DA. Abs. XI.

II. Der Verteilungszeitraum ist verschieden, je nachdem der ersatzbedürftige Gegenstand unter § 1 Abs. I oder III fällt, d. h., je nachdem er vor oder nach dem 31. Dezember 1919 angeschafft wurde. Im ersteren Falle beginnt der Verteilungszeitraum mit dem Kalenderjahre 1920 oder mit dem Wirtschaftsjahre (Geschäftsjahr) des Steuerpflichtigen, welches im Jahre 1920 endigt. (§ 3, I, Satz 2 in Verbdg. mit § 29 Einkommensteuergesetz) und endigt mit dem Wirtschaftsjahr, das dem Wirtschaftsjahr voraus geht, in dem die Ersatzbeschaffung voraussichtlich erfolgen wird (§ 3 Abs. 1 S. 3) im letzteren Falle (d. h. bei Beschaffungen nach dem 31. Dezember 1919) beginnt er mit dem Wirtschaftsjahre, in dem die Beschaffung stattgefunden hat (§ 3 I S. 4). Weitere Einzelheiten DA. Abs. III (Beginn), IV (Ende), VI (Gegenstände, die im Jahre 1920 ausscheiden), VII (Änderung der ursprüngl. angen. Gebrauchsdauer).

Aus § 3 I Schlußsatz (Arg. aus „auf ein Wirtschaftsjahr entfallenden Anteile") in Verbdg. mit Abs. II ergibt sich, daß, wenn auch der Verteilungszeitraum länger als 7 Jahre ist und demgemäß im einzelnen Jahre nur weniger als $^1/_7$ abgezogen werden darf (bei einem 10jährigen Zeitraum z. B. $^1/_{10}$), obwohl vorläufig nur Rückstellungen für die Rechnungsjahre 1920—26 erfolgen dürfen, im einzelnen Jahre die abzuziehende Quote nicht erhöht werden darf, so daß also der in Abs. I erwähnte Fall eintreten kann, daß weitere Rücklagen notwendig wären (in einem 10jährigen Zeitraum $^3/_{10}$) aber nicht zulässig sind. Gegen dieses fiskalische Kunststück, das im Gesetz keine klare Stütze findet (wenn auch natürlich, gemäß § 59a die Rücklagen in den Jahren 1920 bis 1926 einschließlich, abgeschlossen sein müssen), hat sich bei den Beratungen der Richtlinien aus den Kreisen der Industrie der schärfste Widerspruch erhoben. Die Regierung hat aber in eine Abänderung des § 3 (im Entwurf § 4) nicht gewilligt. Sie stützt sich offenbar darauf, daß im § 59a von „den Verhältnissen entsprechenden Rücklagen" die Rede ist. S. DA. Abs. VIII, das 2. Beispiel des Musters A und IV b und c.

III. „Behandlung der verlorenen Mehrkosten", die durch die Rücklagen nicht gedeckt werden. Die Behandlung der verlorenen Mehrkosten, die durch die Rücklagen nicht gedeckt werden im Falle der Ersatzbeschaffung regelt der § 8, III in Vorbdg. mit § 8, I, da nach ihnen die Mehrkosten, im Falle der Ersatzbeschaffung, zu deren Deckung die Rücklagen nicht ausreichen, als Werbungskosten in Abzug gebracht werden dürfen. Als verlorene Mehrkosten im Falle der Ersatzbeschaffung gelten bis auf weiteres 40% des Beschaffungspreises. Da sich heute natürlich nicht voraussagen läßt, ob dieser Betrag auf die Dauer ausreicht bzw. sich als zu hoch erweist, sieht § 8, II vor, daß das Finanzamt, falls er nachweislich nicht den tatsächlichen Mehrkosten entspricht, ihn in anderer Weise festsetzen kann.

Zweckmäßig erscheint es, daß der Gesetzgeber offensichtlich sämtliche Rücklagen nur als eine einzige betrachtet, d. h. also an der Einheit der Rücklage festhält. Dies ergibt sich schon daraus, daß eine dahin gehende Feststellung von industrieller Seite, gelegentlich der Beratung des Entwurfs, wonach der, zur Ersatzbeschaffung aus der Rücklage zu entnehmende Betrag, nicht einzig und allein aus dem Rücklagekonto entnommen werden müsse, das gerade für den in Frage kommenden Ersatzgegenstand gebildet worden ist, vom Regierungstisch unwidersprochen geblieben ist. Wie die Industrie dies meint, wurde gelegentlich der Verhandlungen an folgendem Beispiel verdeutlicht: für ein industrielles Unternehmen sind insgesamt 5 Millionen Mark Rücklagekonten für voraussichtlich verlorene Mehrkosten vorhanden. Davon treffen als Rücklage für einen ersatzbedürftigen Flammenkessel 80000 ℳ, während der Ersatzgegenstand 500000 ℳ kostet. Nach § 8, I dürfen 200000 ℳ (= 40% des Anschaffungswerts) der Rücklage entnommen werden. Dies kann auch im vorliegenden Fall geschehen, da ja die Entnahme nicht nur aus dem für den Flammenkessel errichteten Konto zu erfolgen braucht, sondern aus der, eine Einheit bildenden Gesamtrücklage entnommen werden darf. Ebenso Mainzer a. a. O. Da es für den Fiskus vollkommen belanglos ist, ob der fehlende Betrag aus der Rücklage entnommen, oder ob er als Werbungskosten in Abzug gebracht wird und da andererseits der eingenommene Standpunkt dem Geiste des § 59a wesentlich mehr entspricht als die Anschauung, daß für jeden Gegenstand nur Aufwendungen aus der für ihn gebildeten Rücklage erfolgen dürfen, erscheint es bedeutungslos, daß die Entwürfe zu § 8 von „Rücklagen" (Plural) sprechen, während in der Verordnung der Ausdruck „Rücklage" (Singular) gewählt ist. (So auch der Standpunkt der DA. zu § 8 Abs. II).

IV. Beispiele: (Teilweise nach Mainzer). — Es wird stets angenommen, daß das Geschäftsjahr das Kalenderjahr ist).

a) Eine Maschine ist im Jahre 1914 für 20000 ℳ angeschafft und hat eine 10jährige Gebrauchsdauer; sie ist sonach mutmaßlich im Jahre 1924 zu ersetzen. Die Mehrkosten betragen 6 × 20000 = 120000 ℳ (§ 2, I). Der Verteilungszeitraum beginnt mit dem Wirtschaftsjahr 1920 und endet mit dem Wirtschaftsjahr 1923; (§ 3, I, S. 1 und 2) er beträgt also 4 Jahre. Es sind sonach in den Bilanzen 1920, 1921, 1922 und 1923 je 30000 ℳ auf Rücklagenkonto zu verbuchen. (§ 3, I, Schlußsatz).

b) Eine Maschine ist im Jahre 1918 für 40000 ℳ angeschafft und hat eine 10jährige Gebrauchsdauer; sie ist sonach mutmaßlich im Jahre 1928 zu ersetzen. Die Mehrkosten betragen 3 × 40000 = 120000 ℳ. (§ 2, I). Der Verteilungszeitraum beginnt mit dem Wirtschaftsjahr 1920 und endet mit dem Wirtschaftsjahr 1927; er beträgt also 8 Jahre. Es sind sonach in den Bilanzen per 1920/26 je $^1/_8$ = 15000 ℳ auf Rücklagekonto zu verbuchen. Da 1926 erst 7 Raten zurückgelegt sind, beträgt die Rücklage 105000 ℳ. $^1/_8$ ist noch nicht zurückgestellt.

c) Ein Fabrikgebäude ist im Jahre 1890 für 100000 ℳ errichtet und hat eine 40jährige Gebrauchsdauer; es ist sonach mutmaßlich im Jahre 1930 zu ersetzen. Die Mehrkosten betragen 6 × 100000 = 600000 ℳ. Der Verteilungszeitraum beginnt mit dem Wirtschaftsjahr 1920 und endet mit dem Wirtschaftsjahr 1929; er beträgt also 10 Jahre. Es sind sonach in den Bilanzen per 1920/26 je $^1/_{10}$ = 60000 ℳ auf Rücklagekonto zu verbuchen. Bis Ende 1926 sind 420000 ℳ zurückgestellt, $^3/_{10}$ sind noch nicht zurückgestellt.

d) Eine Maschine ist als Ersatz für einen ersatzbedürftigen Gegenstand im Jahre 1921 für 100000 ℳ angeschafft und hat eine 10jährige Gebrauchsdauer; sie ist sonach mutmaßlich im Jahre 1931 zu ersetzen. Die Mehrkosten betragen 40% des Anschaffungspreises von 100000 ℳ = 40000 ℳ. Der Verteilungszeitraum beginnt mit dem Wirtschaftsjahr 1921 und endigt mit dem Wirtschaftsjahr 1930; er beträgt also 10 Jahre. Es sind sonach in den Bilanzen per 1921/26 je $^1/_{10}$ = 4000 ℳ auf Rücklagekonto zu verbuchen. In diesem Falle wird — da die Ersatzbeschaffung 1921 erfolgt ist — allerdings zweckmäßigerweise von der Vorschrift des § 33a Gebrauch gemacht, die im Jahre 1921 — also in einem Jahre — eine Abschreibung der gesamten „Mehrkosten", d. h. von mindestens 40% des Anschaffungspreises gestattet.

e) Eine im Jahre 1916 für 10000 ℳ angeschaffte Maschine wird im Jahre 1923 abgängig und durch eine solche für 140000 ℳ ersetzt. Die über Rücklagekonto zu verbuchenden Mehrkosten für den Er-

werb dieser Maschine betragen 40% hievon = . .	56000 *M*.
Das Rücklagekonto per 31. Dezember 1922 beträgt aber nur (andere Rücklagekonten, die herangezogen werden konnten, sind nicht vorhanden) . . .	30000 *M*,
sonach als Werbungskosten (über Gewinn- und Verlustkonto) zu verbuchen (§ 8, III)	26000 *M*.

§ 4.

I Wer von der Vorschrift des § 59a des Einkommensteuergesetzes Gebrauch machen will, hat auf Verlangen des Finanzamts für die ersatzbedürftigen Gegenstände, für deren Ersatzbeschaffung er Rücklagen machen will, dem Finanzamt anzugeben

a) das Anschaffungs- oder Herstellungsjahr,

b) den Anschaffungs- oder Herstellungpreis,

c) die voraussichtliche Gesamtgebrauchsdauer,

d) den Zeitpunkt, in dem voraussichtlich die Ersatzbeschaffung erfolgen wird.

II Das Finanzamt kann zulassen, daß diese Angaben für Gruppen gleichartiger oder zusammengehöriger Gegenstände unter Annahme von Durchschnittsziffern zusammengefaßt und diese Durchschnittsziffern bei Berechnung der Mehrkosten gemäß § 2 und der Rücklagen gemäß § 3 zugrunde gelegt werden.

III Auf Verlangen des Finanzamts hat der Steuerpflichtige die zur Nachprüfung der nach Abs. 1, 2 gemachten Angaben erforderlichen Nachweise und Unterlagen vorzulegen.

DA. zu § 4. I Der Steuerpflichtige, der von der Vorschrift des § 59a des Einkommensteuergesetzes Gebrauch machen will, hat dem Finanzamt diejenigen **Angaben** zu machen, die erforderlich sind, um die Mehrkosten nach § 2 und die Rücklage nach § 3 zu berechnen. Es empfiehlt sich, diese Angaben in einen Vordruck nach dem Muster Anlage 1 eintragen zu lassen.

II Hierbei stehen dem Finanzamt **dreierlei Befugnisse** zu:

1. Die Angaben sind nur auf Verlangen des Finanzamts zu machen. Von dieser Befugnis wird bei Steuerpflichtigen, die keine ordnungsmäßige kaufmännische Buchführung besitzen, stets Gebrauch gemacht werden müssen, während beim Vorhandensein einer solchen Buchführung in der Regel darauf wird verzichtet werden können, sofern gegen die Richtigkeit der Berechnung der Mehrkosten und Rücklagen keine Bedenken bestehen.

2. Das Finanzamt kann zulassen, daß die Angaben für Gruppen gleichartiger Gegenstände zusammengefaßt werden (Abs. 2), z. B. bei einer Reederei für sämtliche Personendampfer, sämtliche Frachtdampfer, sämtliche Segelschiffe, bei einem Schleppschiffahrtsunternehmen für sämtliche Schleppdampfer und für sämtliche Schleppkähne, bei einer Weberei für sämtliche Webstühle, bei einem Eisen-

bahnbetriebe für alle Lokomotiven, für alle Personenwagen und für alle Güterwagen, bei einem Straßenbahnbetriebe für alle Motorwagen und für alle Anhängewagen, bei einem Fabrikbetriebe für alle Fabrikgebäude, für gleichartige Maschinen (Dampfmaschinen, Dynamomaschinen), für Werkzeuge, bei einem landwirtschaftlichen Betriebe für die Wohngebäude, für die Wirtschaftsgebäude, für gleichartige Maschinen, für kleinere landwirtschaftliche Geräte, für alle Zugtiere, für alle Fuhrwerke.

Die Gruppenangabe kann ferner zugelassen werden für zusammengehörige Gegenstände, d. h. für solche Gegenstände, die eine wirtschaftliche Einheit bilden, z. B. für eine in sich geschlossene Maschinenanlage zur Erzeugung von elektrischen Licht, für die Förderanlage eines Bergwerks, für das Kontor- oder Ladeninventar u. dgl., auch wenn die einzelnen dazugehörigen Gegenstände nicht gleichartig sind.

Bei der Zusammenfassung in Gruppen muß in jedem Falle die Art und die Anzahl der in einer Gruppe vereinigten Gegenstände angegeben werden; allgemeine Bezeichnungen wie „Gebäudekonto", „Maschinenkonto", „Gerätekonto" u. dgl. genügen nicht. Im einzelnen muß es dem Ermessen des Finanzamts überlassen bleiben, die Gruppeneinteilung so zu bestimmen, wie es nach Sachlage erforderlich und zweckmäßig erscheint, um eine zutreffende Berechnung der Mehrkosten und Rücklagen zu ermöglichen.

Die Zusammenfassung mehrerer Gegenstände in Gruppen hat zur Folge, daß für die Zeit der Anschaffung oder Herstellung, den nach § 2 anzuwendenden Vervielfältigungssatz sowie für die voraussichtliche Gebrauchsdauer bzw. den Zeitpunkt der voraussichtlichen Ersatzbeschaffung der in einer Gruppe enthaltenen Gegenstände Durchschnittsziffern angenommen werden müssen, die dann bei Berechnung der Mehrkosten nach § 2 und der Rücklagen nach § 3 zugrunde zu legen sind, während die Anschaffungspreise zusammengerechnet werden. Die in einer Gruppe zusammengefaßten Gegenstände werden also insoweit als ein einziger Gegenstand mit einer einheitlichen Anschaffungszeit und einer einheitlichen Gebrauchsdauer behandelt, jedoch mit der Maßgabe, daß bei Berechnung der Mehrkosten nicht ohne weiteres der nach § 2 Abs. 1 dem durchschnittlichen Anschaffungsjahr entsprechende Vervielfältigungssatz, sondern ein besonders zu ermittelnder durchschnittlicher Vervielfältigungssatz anzuwenden ist. Bei Berechnung der Durchschnittsziffern ist darauf zu achten, daß nicht einfach das arithmetische Mittel zwischen den für die einzelnen Gegenstände gültigen Ziffern genommen, sondern auch die Höhe der Anschaffungspreise der einzelnen Gegenstände berücksichtigt wird. Handelt es sich z. B. um zwei Gegenstände mit folgenden Einzelziffern:

Anschaffungsjahr	Voraussichtliche Gebrauchsdauer	Anschaffungspreis	Vervielfältigungssatz nach § 2
I 1909	15 Jahre	100 000 ℳ	das 6 fache
II 1919	5 Jahre	20 000 ℳ	das 2 fache,

so wären die arithmetischen Mittel

1914	10 Jahre		das 4 fache.

Wollte man diese Zahlen als Durchschnittsziffern zugrunde legen, so würde das zu unrichtigen Ergebnissen führen, weil dabei nicht berücksichtigt wäre, daß der Anschaffungspreis des ersten Gegenstands fünfmal so hoch ist, wie derjenige des zweiten. Beispielsweise würden dann die Mehrkosten auf 4 × 120000 = 480000 ℳ zu berechnen sein, während sie bei Einzelberechnung

6 × 100000 ℳ = 600000 ℳ
2 × 20000 ℳ = 40000 ℳ
zusammen: 640000 ℳ

betragen würden. Die richtigen Durchschnittsziffern würden etwa folgende sein:

Anschaffungsjahr: 1911, Gebrauchsdauer: 13 Jahre, Vervielfältigungssatz: $5{,}_3$.

Die voraussichtlichen Mehrkosten würden demnach $5{,}_3 \times 120000 = 636000$ ℳ betragen, und der Verteilungszeitraum würde bis zum Schlusse des im Kalenderjahre 1924 endenden Wirtschaftsjahrs laufen.

Wäre umgekehrt der Gegenstand für 20000 ℳ im Jahre 1909 und derjenige für 100000 ℳ im Jahre 1919 angeschafft worden, so würden sich die Durchschnittsziffern etwa folgendermaßen stellen:

Anschaffungsjahr: 1917; Gebrauchsdauer: 13 Jahre; Vervielfältigungssatz: $2{,}_6$.

Demnach Mehrkosten: $2{,}_6 \times 120000 = 312000$ ℳ (bei Einzelberechnung 6 × 20000 + 2 × 100000 = 320000 ℳ).

Der Verteilungszeitraum würde dann mit dem Schlusse des im Kalenderjahre 1930 endenden Wirtschaftsjahrs ablaufen.

Übrigens wird, wenn sich die Anschaffung der einzelnen Gegenstände auf eine längere Zeit, insbesondere auf die verschiedenen, nach § 2 Abs. 1 maßgebenden Zeitabschnitte verteilt, bei stark voneinander abweichenden Anschaffungspreisen die Berechnung zutreffender Durchschnittsziffern meist so schwierig sein, daß es sich in der Regel empfehlen wird, in solchen Fällen die zu verschiedenen Zeiten oder doch die in den einzelnen, nach § 2 Abs. 1 maßgebenden Zeitabschnitten angeschafften oder hergestellten Gruppen von Gegenständen gesondert angeben zu lassen.

Die Vorschrift des Abs. 2 wird entsprechend anzuwenden sein, wenn sich die Anschaffung oder Herstellung eines einzelnen ersatzbedürftigen Gegenstandes auf längere Zeit erstreckt, z. B. wenn ein Gebäude durch spätere Anbauten erweitert worden ist.

3. Das Finanzamt kann die Vorlage der zur Nachprüfung der gemachten Angaben erforderlichen Unterlagen und Nachweise (Bücher, Rechnungen u. dergl.) verlangen (Abs. 3). Daß insbesondere Anlaß besteht, die Angaben über die voraussichtliche Gebrauchsdauer und den voraussichtlichen Zeitpunkt der Ersatzbeschaffung sorgfältig nachzuprüfen, ist bereits hervorgehoben. Außerdem sind auf die Nachprüfung dieser Angaben selbstverständlich die allgemeinen Veranlagungsvorschriften anwendbar.

III Falls für **Ersatzgegenstände, die nach dem 31. Dezember 1919 beschafft sind**, wiederum Rücklagen gebildet werden sollen, sind die in § 4 vorgeschriebenen Angaben auch für diese Gegenstände zu machen (Beispiel in Anl. 3).

I. Das **Verfahren nach Abs. I** wird insbesondere in größeren Betrieben eine erhebliche Arbeitsbelastung des mit der Aufstellung der Bilanz beschäftigten Personals herbeiführen. (Eine entsprechende Einrichtung der Bücher wird sich im übrigen in allen Betrieben empfehlen!)

II. Dem hilft Abs. II, der eine **Art Durchschnittsberechnung** gestattet, ab. Danach kann das Finanzamt zulassen (Antrag erforderlich), daß die Angaben über Zeit und Preis der Anschaffung oder Herstellung für Gruppen gleichartiger oder zusammengehöriger Gegenstände unter Angabe von Durchschnittsziffern zusammengefaßt und diese Durchschnittsziffern bei Berechnung der Mehrkosten und bei Verteilung der Rücklagen zugrunde gelegt werden. Während die Preistreibereiverordnung, die in § 2 eine ähnliche Durchschnittsberechnung vorsieht, klar zum Ausdruck bringt, daß der Durchschnittspreis sowohl auf den verschiedenen Gestehungskosten, als auch auf den verschiedenen einbezogenen Mengen beruhen müsse, bringen die Ausführungsbestimmungen nicht klar zum Ausdruck, ob der Durchschnitt der Beschaffungszeit mit oder ohne Berücksichtigung der in den einzelnen Jahren beschafften Mengen festzustellen ist. Mainzer, dem das folgende Beispiel entnommen ist, berücksichtigt offenbar bei der Berechnung des Durchschnitts der Anschaffungszeiten die in den einzelnen Jahren beschafften Mengen nicht. Er führt folgendes aus: Auf dem Maschinenkonto werden die Anschaffungspreise sämtlicher Maschinen zusammengestellt und aus letzteren die durchschnittliche Gebrauchsdauer sämtlicher Maschinen errechnet; auf diese Weise wird das Jahr gefunden, welches für die Bemessung der Rücklage als Anschaffungsjahr für sämtliche Maschinen genommen wird. Demgemäß wird folgende Multiplikation vorgenommen:

Beispiel: Es wurden angeschafft:

im	Jahre	1911	5	Maschinen	zum	Anschaffungspreis	15 000 ℳ
„	„	1912	5	„	„	„	15 000 ℳ
„	„	1913	1	„	„	„	3 000 ℳ
„	„	1914	—	„	„	„	—
„	„	1915	—	„	„	„	—
„	„	1916	1	„	„	„	70 000 ℳ
„	„	1917	2	„	„	„	100 000 ℳ
„	„	1918	1	„	„	„	77 000 ℳ
„	„	1919	1	„	„	„	20 000 ℳ
						Summe der Anschaffungspreise	300 000 ℳ

Durchschnitt der Anschaffungszeiten 1915.

Rücklage nach § 2 Abs. I der Verordnung 6×300 000 ℳ = 1 800 000 ℳ.

Würde man die Rücklage für jede einzelne Maschine nach ihrer Anschaffungszeit berechnen, so ergäbe sich folgende Berechnung:

								Rücklage
für die im Jahre	1911	angeschafften	5	Maschinen	zu	15 000 ℳ	90 000 ℳ
„ „ „ „	1912	„	5	„	„	15 000 ℳ	90 000 ℳ
„ „ „ „	1913	„	1	„	„	3 000 ℳ	18 000 ℳ
„ „ „ „	1916	„	1	„	„	70 000 ℳ	210 000 ℳ
„ „ „ „	1917	„	2	„	„	100 000 ℳ	300 000 ℳ
„ „ „ „	1918	„	1	„	„	77 000 ℳ	231 000 ℳ
„ „ „ „	1919	„	1	„	„	20 000 ℳ	40 000 ℳ
						Gesamtrücklage	979 000 ℳ

Demgegenüber stellt sich die DA. — wohl zutreffend — auf den Standpunkt, daß auch die Höhe der Anschaffungspreise der einzelnen Gegenstände zu berücksichtigen ist (DA. zu § 4 Abs. II Ziff. 2).

Vereinfachte Berechnung der Rücklagen bei nicht Buchführungspflichtigen.

§ 5.

I Steuerpflichtige, die weder zur Führung von Handelsbüchern nach den Vorschriften des Handelsgesetzbuchs verpflichtet sind noch solche Bücher führen, können beantragen, daß bei Berechnung des Betriebs- oder Geschäftsgewinns im Sinne der §§ 32, 33 des Einkommensteuergesetzes für die Wirtschaftsjahre, deren Ergebnisse der Veranlagung für die Rechnungsjahre 1920 bis 1926 zugrunde zu legen sind, als Rücklagen für Mehrkosten der Ersatzbeschaffungen anstatt der nach §§ 2, 3 zu berechnenden Beträge jährlich 2 vom Hundert des Wertes des gesamten Betriebsvermögens mit Einschluß der dem Betriebe dienenden Grundstücke und Gebäude steuerfrei belassen werden, der bei der Veranlagung des Steuerpflichtigen zum Reichsnotopfer in Ansatz gebracht worden ist.

II In den Fällen des Abs. 1 wird, solange eine anderweite Wertfestsetzung zum Zwecke der Veranlagung zum Reichsnotopfer nicht erfolgt ist, der bei der vorläufigen Veranlagung zum Reichsnotopfer festgesetzte Wert zugrunde gelegt.

DA. zu § 5. I Da die Berechnung der Rücklagen nach §§ 2, 3 im allgemeinen nur beim Vorhandensein einer kaufmännischen Buchführung möglich sein wird, so ist für solche Steuerpflichtige, die **weder eine kaufmännische Buchführung** haben **noch dazu verpflichtet** sind (z. B. Kleingewerbetreibende, Handwerker, Landwirte), die Möglichkeit gegeben, eine anderweite Berechnung der Rücklagen vorzunehmen. Diese Berechnung besteht darin, daß von dem Betriebs- oder Geschäftsgewinne der Wirtschaftsjahre, deren Ergebnisse der Veranlagung für die Rechnungsjahre 1920 bis 1926 zugrunde zu legen sind, jährlich 2 v. H. das zum Reichsnotopfer angesetzten Wertes des gesamten Betriebsvermögens als steuerfreie Rücklage abgesetzt werden können. Die 2 v. H. berechnen sind von dem Notopferwerte des gesamten am Stichtage vorhanden gewesenen Betriebsvermögens, also nicht nur des beweglichen und unbeweglichen Anlagekapitals, sondern auch der Wirtschaftserzeugnisse, Waren und Vorräte des Betriebs; Gegenstände, die am Stichtage nicht vorhanden waren und bei der Veranlagung zum Reichsnotopfer nicht berücksichtigt sind, bleiben außer Betracht. Maßgebend ist der bei der Veranlagung zum Reichsnotopfer angesetzte Wert, ohne Rücksicht darauf, ob die Veranlagung zur Erhebung einer Abgabe geführt hat oder Freiveranlagung erfolgt ist. Die Rücklage kann in jedem der in Betracht kommenden Wirtschaftsjahre unvermindert abgesetzt werden, ohne Unterschied, ob inzwischen Ersatzbeschaffungen vorgenommen worden oder sonstige Änderungen im Betriebsvermögen eingetreten sind.

II Die im § 5 vorgesehene Berechnung greift **nur auf Antrag** des Steuerpflichtigen Platz; dem Antrage m u ß entsprochen werden. Tritt die Berechnung nach § 5 ein, so finden die Vorschriften der §§ 2, 3 und 4 keine Anwendung.

I. Anwendungsgebiet der Vorschrift. Nicht buchführungspflichtige Steuerpflichtige im Sinne der §§ 32, 33 des Einkommensteuergesetzes sind Landwirte und alle Gewerbetreibenden, die nicht Vollkaufleute im Sinne des § 4 des HGB. sind (Handwerker und Personen, deren Gewerbebetrieb nicht über den Umfang des Kleingewerbes hinausgeht); Vollkaufleute sind zur Buchführung verpflichtet; auf sie finden die Vorschriften über die vereinfachte Berechnung der Rücklage keine Anwendung, auch wenn sie trotz ihrer Buchführungspflicht keine Bücher führen.

II. Inhalt der Vorschrift. Die nicht buchungspflichtigen Steuerpflichtigen können a u f A n t r a g (der einmal gestellte Antrag bindet den Steuerpflichtigen nicht nur für das betreffende Steuerjahr, sondern für die sämtlichen Steuerjahre, in welchen die Rücklage zulässig ist, bis 1926) die Rücklage derart berechnen, daß sie jährlich 2% ihres z u m R e i c h s n o t o p f e r v e r a n l a g t e n B e t r i e b s v e r m ö g e n s (=80% des tatsächlichen Betriebsvermögens § 19 RNOG.) steuerfrei absetzen (§ 5, I). Zu dem Betriebsvermögen in diesem Sinne, d. h. im Sinne des RNOG. (§ 6 Ziff. 2, dazu Führnrohr in seinem Kommentar) gehört das gesamte, dem Betrieb gewidmete Vermögen, einschließlich der dem Betrieb dienenden Gebäude und Grundstücke; sonach also nicht nur die unter § 1 dieser Verordnung angegebenen „ersatzbedürftigen Gegenstände", sondern auch die gesamten, zum Betriebskapital gehörigen Werte, wie Rohstoffe, Halb- und Fertigfabrikate, Außenstände, Patente und sonstige Rechte irgendwelcher Art usw., aber unter Abzug der auf dem Betrieb lastenden Verbindlichkeiten (§ 6 Ziff. 2 in Zusammenhang mit § 19 RNOG.). Wie der Rechnungsfaktor gefunden wurde, zeigen folgende Erläuterungen, die ein Regierungsvertreter gelegentlich der Beratungen nach der „Niederschrift" gegeben hat: „Bei Bemessung des Satzes von 2 v. H. sei davon ausgegangen, daß das Anlagekapital einen gewissen Durchschnittsprozentsatz des gesamten Betriebsvermögens ausmache und die Gegenstände des Anlagekapitals eine gewisse durchschnittliche Gebrauchsdauer hätten. Schätze man beispielsweise das Anlagekapital auf durchschnittlich 20 v. H. des Notopferwertes, so würden die gesamten Mehrkosten das 1½fache, also 30 v. H., d. h. bei einer durchschnittlichen Gebrauchsdauer von 15 Jahren jeweilig 2 v. H. des Notopferwertes des gesamten Betriebsvermögens betragen. Zu dem gleichen Ergebnis gelange man bei einem Anlagekapital von 40 v. H. des Betriebsvermögens und einer 30jährigen Gebrauchsdauer usw. Hierbei sei zu berücksichtigen, daß die 2 v. H. unverändert abgesetzt werden dürfen, auch wenn inzwischen Ersatzbeschaffungen stattgefunden hätten."

III. Beispiel:

Betriebsvermögen zum Reichsnotopfer deklariert	120 000 ℳ
Davon ab: Schulden	20 000 ℳ
Veranlagt	80 000 ℳ
Rücklage in den Rechnungsjahren 1920—26, je 2% von 80 000 ℳ	1 600 ℳ

§ 6.

I Der Antrag auf Zulassung einer steuerfreien Rücklage für das Rechnungsjahr 1920 ist bis zum 31. Dezember 1921 zu stellen; nach diesem Zeitpunkt kann der Antrag nur im Einspruchs- oder Berufungsverfahren gestellt werden. Die Veranlagung zur Einkommensteuer für das Rechnungsjahr 1920 ist, soweit erforderlich, zu berichtigen. Ist ein Antrag für das Rechnungsjahr 1920 gestellt werden, so gilt hiermit der Antrag auch als für die Veranlagung zur Einkommensteuer für die Rechnungsjahre 1921 bis 1926 gestellt.

II Hat der Steuerpflichtige die Zulassung einer steuerfreien Rücklage für das Rechnungsjahr 1920 nicht beantragt, so soll er den Antrag für die folgenden Rechnungsjahre innerhalb der Frist zur Abgabe der Einkommensteuererklärungen stellen.

III Der Steuerpflichtige hat sich bei Stellung des Antrags nach Abs. 1, 2 darüber zu erklären, ob die steuerfreien Rücklagen auf Grund der §§ 2 bis 4 oder auf Grund des § 5 festgestellt werden sollen; die Erklärung ist für die folgenden Rechnungsjahre bindend.

DA. zu § 6. I Die Absetzung einer steuerfreien Rücklage erfolgt nur a u f A n t r a g des Steuerpflichtigen. Der Antrag soll, falls er nicht bereits in der Einkommensteuererklärung enthalten ist, innerhalb der Frist zur Abgabe der Einkommensteuererklärung gestellt werden (Abs. 2). Ist dies unterblieben, so kann der Antrag im Einspruchs- oder Berufungsverfahren nachgeholt werden, soweit in diesem Verfahren überhaupt neue Tatsachen noch berücksichtigt werden können. Nach Eintritt der Rechtskraft der Veranlagung und im Rechtsbeschwerdeverfahren ist der Antrag nicht mehr zulässig. Nur für das Rechnungsjahr 1920 kann der Antrag noch bis zum 31. Dezember 1921 gestellt werden, selbst wenn die Veranlagung bereits vor diesem Zeitpunkte rechtskräftig geworden ist; die Veranlagung ist dann erforderlichenfalls zu berichtigen. Nach diesem Zeitpunkt ist der Antrag auch für das Rechnungsjahr 1920 spätestens im Einspruchs- oder Berufungsverfahren zu stellen. Der für ein Rechnungsjahr gestellte Antrag gilt gleichzeitig auch als für die folgenden Rechnungsjahre bis 1926 gestellt (Abs. 1).

II Wenn der Antrag für das Rechnungsjahr 1920 unterblieben

ist und erst für die folgenden Rechnungsjahre gestellt wird, ändert sich an der in § 3 vorgesehenen Berechnung der Rücklagen nichts. Der Verteilungszeitraum beginnt auch in diesem Falle mit dem Wirtschaftsjahre, dessen Ergebnis der Veranlagung für das Rechnungsjahr 1920 zugrunde zu legen war bzw. mit dem Wirtschaftsjahr, in dem der ersatzbedürftige Gegenstand angeschafft oder hergestellt ist, und nicht etwa erst mit dem Wirtschaftsjahre, für das erstmalig die Zulassung einer steuerfreien Rücklage beantragt worden ist.

III Besonders hinzuweisen ist noch auf die Vorschrift des Abs. 3, wonach sich der Steuerpflichtige bei Stellung des Antrages darüber zu erklären hat, ob die steuerfreien Rücklagen gemäß §§ 2 bis 4 oder gemäß § 5 festgestellt werden sollen und diese Erklärung für die folgenden Rechnungsjahre bindend ist.

IV Dem Antrag auf Zulassung einer steuerfreien Rücklage muß entsprochen werden, sofern er fristgerecht gestellt ist, unbeschadet der Befugnis des Finanzamtes, die Höhe der von dem Steuerpflichtigen abgesetzten Rücklagen nachzuprüfen und beim Fehlen genügender Nachweise die Rücklage zu beanstanden.

Um berechtigt zu sein eine Rücklage zurückzustellen ist ein beim Finanzamt zu stellender Antrag notwendig. Der Antrag kann für jede Veranlagung in den Jahren 1920—1926 gestellt werden. Hiebei gilt folgendes:

I. Antrag für das Rechnungsjahr 1920: Zu stellen bis zum 31. Dez. 1920. Nachher kann der Antrag nur noch im Einspruchs- oder Berufungsverfahren gestellt werden. Vgl. § 41 Einkommensteuergesetz; § 99 Ausführungsbestimmungen dazu und RAO. §§ 217ff.

II. Antrag für die **folgenden Rechnungsjahre:** Innerhalb der Frist zur Einkommensteuererklärung.

III. Der einmal gestellte Antrag gilt für alle folgenden Rechnungsjahre bis 1926. Der Steuerpflichtige hat außer dem Beschaffungspreis, dem Beschaffungsjahr, der voraussichtlichen Gebrauchsdauer und dem Zeitpunkt der voraussichtlichen Ersatzbeschaffung noch anzugeben, ob er Antrag stellt, für die einzelnen Ersatzgegenstände Rücklagen machen zu dürfen (§§ 2 bis 4), oder ob er — als nicht zur Buchführung verpflichtet — von einer Rückstellung von 2% seines zum Reichsnotopfer veranlagten Betriebsvermögens Gebrauch machen will (§ 5).

Nachweisung über die Verwendung der Rücklage.

§ 7.

I Wer bei Berechnung seines Betriebs- oder Geschäftsgewinns für ein Wirtschaftsjahr eine Rücklage steuerfrei abgesetzt hat, ist auf Verlangen des Finanzamts verpflichtet, im Falle einer Ersatzbeschaffung bei Abgabe seiner Einkommensteuererklärungen für die folgenden Rechnungsjahre jeweils eine Nachweisung einzureichen, die zu enthalten hat

a) die genaue Bezeichnung der in dem jeweils abgelaufenen

Wirtschaftsjahre durch Ersatzbeschaffungen ersetzten Gegenstände,

b) den für den Beginn des Wirtschaftsjahrs bei Berechnung seines Betriebs- oder Geschäftsgewinns gemäß §§ 32, 33, 33a des Einkommensteuergesetzes eingestellten Wert des ersetzten Gegenstandes,

c) den für die Anschaffung oder Herstellung des Ersatzgegenstandes aufgewendeten Betrag,

d) den für den Schluß des Wirtschaftsjahrs bei Berechnung seines Betriebs- oder Geschäftsgewinns gemäß §§ 32, 33, 33a des Einkommensteuergesetzes eingestellte Wert des Ersatzgegenstandes,

e) den zur Bestreitung der Anschaffungs- oder Herstellungskosten des Ersatzgegenstandes aus den seither nach § 59a des Einkommensteuergesetzes gebildeten Rücklagen entnommenen Betrag,

f) den zur Bestreitung der Anschaffungs- oder Herstellungskosten des Ersatzgegenstandes als Werbungskosten verrechneten Betrag,

g) den Stand der am Schlusse des Wirtschaftsjahrs vorhandenen gemäß § 59a des Einkommensteuergesetzes gebildeten Rücklagen.

II Auf Verlangen des Finanzamts hat der Steuerpflichtige die zur Nachprüfung der nach Abs. 1 gemachten Angaben erforderlichen Nachweise und Unterlagen vorzulegen.

DA. zu § 7. I Hat ein Steuerpflichtiger eine steuerfreie Rücklage gebildet, so kann ihm das Finanzamt auferlegen, im Falle einer Ersatzbeschaffung bei Abgabe seiner Einkommensteuererklärung jeweils eine Nachweisung mit den in § 7 bezeichneten Angaben einzureichen. Die einmal erteilte Anordnung behält ihre Gültigkeit auch für die folgenden Rechnungsjahre. Ein Steuerpflichtiger, dem eine solche Auflage gemacht ist, hat also die Nachweisung auch für alle folgenden Rechnungsjahre einzureichen, ohne daß es noch einer weiteren Aufforderung bedarf, vorausgesetzt natürlich, daß in dem für die Veranlagung maßgebenden Wirtschaftsjahr überhaupt eine Ersatzbeschaffung stattgefunden hat. Hierauf ist in der Aufforderung zur Einreichung der Nachweisung hinzuweisen.

II Von der hier erteilten Befugnis wird das Finanzamt bei Steuerpflichtigen, die keine ordnungsmäßige kaufmännische Buchführung besitzen, stets Gebrauch zu machen haben, während beim Vorhandensein einer solchen Buchführung in der Regel davon wird abgesehen werden können, sofern keine Zweifel bestehen, daß der Steuerpflichtige die Vorschriften des § 59a und dieser Verordnung richtig anwendet. Das Finanzamt kann auch, soweit es dies für angebracht hält, die Nachweisung auf einzelne der in § 7 geforderten Angaben beschränken und zulassen, daß die Angaben für Gruppen gleichartiger oder zusammengehöriger Gegenstände zusammengefaßt werden. Ferner kann das Finanzamt die Vorlage der zur Nachprüfung der Angaben erforderlichen Nachweise und Unterlagen verlangen (Abs. 2). Außerdem wird auf die Verwendung des ersetzten Gegenstands zu achten sein, insbesondere darauf, ob er etwa verkauft und der Kaufpreis in die Bilanz eingestellt ist.

III Die Nachweisung wird zweckmäßig auf einem Vordruck nach Anleitung des Musters B Anlage 2 aufzustellen sein.

IV Außerdem hat der Steuerpflichtige, falls er für die Ersatzgegenstände wiederum Rücklagen bilden will, die in § 4 vorgeschriebenen Angaben zu machen.

V Nach Ablauf des Rechnungsjahres 1930 kommt die Einreichung der Nachweisung nicht mehr in Frage, weil dann die Verrechnung der Mehrkosten auf die Rücklage aufhört und die Nachversteuerung einsetzt (§ 9).

I. § 7 regelt, in welcher Weise dem Finanzamt der Nachweis der Verwendung, der gemäß § 4 oder § 5 gemachten Rücklagen zu führen ist. **Verlangt** werden folgende **Angaben:**

a) Verzeichnisse derjenigen ersatzbedürftigen Gegenstände im Sinne des § 1, die im betreffenden Wirtschaftsjahr durch Ersatzgegenstände im Sinne dieser Bestimmung ersetzt worden sind. Z. B. es sind die Maschinen anzugeben, die in dem betreffenden Jahr aus dem Betrieb entfernt wurden und zu deren Ersatz neue Maschinen angeschafft wurden.

b) Angabe über die Bewertung der abgängigen Gegenstände in der, der Einkommensteuerveranlagung zugrunde liegenden Jahresanfangsbilanz oder Vermögensaufstellung. Beispiel: Sind in einem Unternehmen, wie dies vielfach der Fall ist, die gesamten Maschinen auf eine Mark abgeschrieben, so ist dieser Betrag anzugeben.

c) Der Beschaffungspreis für die Ersatzgegenstände.

d) Die Bewertung der Ersatzgegenstände in der Jahresbilanz.

Gemäß § 59 a, I, Schlußsatz ESt., in Verbindung mit § 33 a Schlußsatz ist in die Bilanz nicht mehr der tatsächliche Anschaffungs- oder Herstellungspreis einzusetzen, sondern dieser ist um den Betrag zu vermindern, der aus der steuerfreien Rücklage entnommen, oder gemäß § 8, III als Werbungskosten in Abzug gebracht worden ist. Einzusetzen ist also, anders ausgedrückt, der gemeine Wert im Sinne des § 33 a und im Sinne des § 59 a der Einkommensteuernovelle. Die Berechnung des gemeinen Werts ergibt sich, wenn die Mehrkosten mit 40% des Anschaffungspreises angenommen werden — was jedoch keineswegs stets zuzutreffen braucht —, aus folgender einfachen Gleichung:

Bezeichnet man den „Beschaffungspreis" mit a, die „verlorenen Mehrkosten" mit b und den „gemeinen Wert" mit c, dann ist

$$c = a - b,$$

da aber nach § 8 die Mehrkosten b gleich 40% von a sind, ergibt sich:

$$c = a - \frac{40}{100} a = \frac{60}{100} a = 60\% \text{ von } a,$$

so daß also in die Bilanz die Ersatzgegenstände mit 60% ihres Beschaffungspreises einzusetzen sind. Beispiel: Eine im Jahr 1916 um 10000 ℳ angeschaffte Maschine wird im Jahr 1925 ersetzt. Ihr Anschaffungspreis beträgt 140000 ℳ; ihr gemeiner Wert beträgt nach § 8, I 84000 ℳ (= 60% des Anschaffungspreises). Die verlorenen Mehrkosten von 56000 ℳ (140000 — 84000) sind teils der Rücklage entnommen, teils auf Unkosten abgesetzt worden. Die Buchung wird zu lauten haben:

Maschinenkonto:

1 Maschine xPS. Anschaffungspreis	140000 ℳ
Davon ab: Verlorene Mehrkosten	56000 ℳ
bleibt gemeiner Wert	84000 ℳ.

Würde nun gleichzeitig mit dieser Maschine im Jahr 1925 noch eine weitere Maschine neuangeschafft (etwa zur Betriebserweiterung — also kein „Ersatzgegenstand"), so wäre der Steuerpflichtige berechtigt, da ihr gemeiner Wert (84000 ℳ) hinter ihrem Anschaffungspreis (140000 ℳ) zurückbleibt, diese ebenfalls mit 84000 ℳ (bzw. mit einem geringeren Betrag; s. S. 56) in die Bilanz einzusetzen (§ 33a Satz 2). In diesem Fall wäre der Steuerpflichtige hiezu „berechtigt", während er in dem erst erwähnten Fall des § 59a (d. h. wenn die Maschine sich als „Ersatzgegenstand" im Sinne der Ausführungsbestimmungen darstellt) hiezu verpflichtet ist (§ 59a I 1. Satz).

e) Der aus der Rücklage entnommene Betrag. Beispiel: Eine im Jahre 1916 für 10000 ℳ angeschaffte Maschine wird im Jahre 1925 ersetzt; die Ersatzmaschine kostet 140000 ℳ.

Auf Rücklagekonto sind in den Jahren 1920/24 je 6000 ℳ, zusammen 30000 ℳ verbucht. Der gemeine Wert der neuen Maschine beträgt laut Vorstehendem (d) 84000 ℳ; es ist sonach das ganze Rücklagekonto mit 30000 ℳ infolge der Neuanschaffung aufgezehrt, und es verbleibt noch ein Betrag von 26000 ℳ, der aus den Werbungskosten zu decken ist (Mainzer).

f) Der als Werbungskosten (über Gewinn- und Verlustkonto) verrechnete Betrag.

g) Der nunmehrige Stand der gebildeten Rücklage. Unter Rücklage ist dabei, wie schon ausgeführt, die Gesamtheit aller, gemäß der Ausführungsbestimmungen gebildeten Konten zu verstehen. Beispiel:

Ende 1924 war das Rücklagekonto gemäß § 59a erkannt mit 300000 ℳ.
In dem Verteilungszeitraum, den das Jahr 1925 bildet, wird
das Rücklagekonto neu erkannt mit . . . . 50000 ℳ

Summa 350000 ℳ.

In dem Jahre 1925 werden Maschinen gekauft zum Anschaffungspreis von 300000 ℳ, wovon über Rücklagekonto zu verbuchen sind . . . . 120000 ℳ,

sonach Stand des Rücklage-Kontos Ende 1925 . . . 230000 ℳ.

(Mainzer.)

Weitere Beispiele Anlage 2 der DA.

§ 8.

I Im Falle einer Ersatzbeschaffung gelten bis auf weiteres als tatsächliche Mehrkosten, die zu Lasten der bis zum Beginne des betreffenden Wirtschaftsjahrs gebildeten Rücklage zu verrechnen sind, 40 vom Hundert des Betrags, der zur Anschaffung oder Herstellung des Ersatzgegenstandes aufgewendet worden ist.

II Falls dieser Betrag nachweislich den tatsächlichen Mehrkosten nicht entspricht, kann das Finanzamt die zu Lasten der Rücklage zu verrechnenden Mehrkosten anderweit festsetzen.

III Soweit die Rücklage zur Bestreitung der nach Abs. 1, 2 festgesetzten Mehrkosten nicht ausreicht oder wenn eine Rücklage nicht vorhanden ist, können die Mehrkosten als Werbungskosten in Abzug gebracht werden.

DA. zu § 8. I Wird die Ersatzbeschaffung vorgenommen, so wäre an sich der Betrag der dann tatsächlich entstandenen **Mehrkosten**, d. h. der Unterschied zwischen dem tatsächlich aufgewendeten Anschaffungs- (Herstellungs-) Preis und dem tatsächlichen gemeinen Werte des Ersatzgegenstands am Ende des Wirtschaftsjahrs, in dem die Ersatzbeschaffung erfolgt, aus der bis zum Beginne dieses Wirtschaftsjahrs gebildeten Rücklage zu entnehmen („zu Lasten der Rücklage zu verrechnen"). Da sich jedoch der tatsächliche gemeine Wert und somit auch die Höhe der Mehrkosten häufig schwer feststellen lassen wird, so ist in § 8 für die tatsächlichen Mehrkosten ein fester Satz vorgesehen, nämlich ein solcher von 40 v. H. des tatsächlich für den Ersatzgegenstand aufgewendeten Anschaffungs- oder Herstellungspreises.

II Dieser Mehrkostenbetrag ist zu Lasten der Rücklage zu verrechnen, d. h. auf der Aktivseite ist der Ersatzgegenstand mit seinem Anschaffungs- (Herstellungs-) Preis abzüglich der mit 40 v. H. angenommenen Mehrkosten anzusetzen, und auf der Passivseite ist die Rücklage um den gleichen Mehrkostenbetrag zu vermindern. Daß die Rücklage gerade zur Bestreitung der Mehrkosten dieses Ersatzgegenstands bestimmt war, ist nicht erforderlich, vielmehr bildet die Rücklage einen Gesamtbetrag, aus dem bei Ersatzbeschaffungen die in § 8 festgesetzten Mehrkosten so lange zu entnehmen sind, bis die Rücklage aufgezehrt ist (vgl. Anl. 4). Ebensowenig ist es von Belang, ob der ersatzbedürftige Gegenstand infolge von Abnutzung oder aus anderen Gründen, z. B. infolge Vernichtung oder Verlustes oder infolge einer neuen Erfindung ersetzt werden muß.

III **Beispiel** für die Anwendung des § 8:

Ein ersatzbedürftiger Gegenstand steht im Geschäftsabschluß des Wirtschaftsjahrs 1920 mit 100 000 ℳ zu Buch, während der Kassenbestand 400 000 ℳ, die übrigen Aktiven 1 000 000 ℳ und die Schulden 200 000 ℳ betragen mögen. Im Laufe des Wirtschaftsjahrs 1921 wird der ersatzbedürftige Gegenstand ausgeschieden und für 100 000 ℳ verkauft, die in die Kasse fließen. Dafür wird ein Ersatzgegenstand angeschafft, der 1 000 000 ℳ kostet und einen gemeinen Wert von

600000 ℳ hat. Von den Anschaffungskosten werden 400000 ℳ der Kasse entnommen und 600000 ℳ kreditiert. Dann ergibt sich folgendes Bild*):

a) Wenn keine Rücklagen gebildet sind:

Geschäftsabschluß 1920 (vor der Ersatzbeschaffung)

Aktiva		Passiva	
Ersatzbedürftiger Gegenstand	100 000 ℳ	Schulden	200 000 ℳ
Kassenbestand . . .	400 000 „	Kapitalkonto	1 300 000 „
Sonstige Aktiven . .	1 000 000 „		
	1 500 000 ℳ		1 500 000 ℳ

Geschäftsabschluß 1921 (nach der Ersatzbeschaffung)

Aktiva		Passiva	
Ersatzbedürftiger Gegenstand	— ℳ	Schulden	800 000 ℳ
Kassenbestand . . .	100 000 „	Kapitalkonto	900 000 „
Ersatzgegenstand . .	600 000 „		
Sonstige Aktiven . .	1 000 000 „		
	1 700 000 ℳ		1 700 000 ℳ

Kapitalkonto 1920 . .	1 300 000 ℳ
„ 1921 . .	900 000 „
Verlust .	400 000 ℳ

Es ergibt sich also ein Verlust in Höhe der Mehrkosten.

b) wenn eine Rücklage von 500000 ℳ gebildet ist:

Geschäftsabschluß 1920 (vor der Ersatzbeschaffung):

Aktiva		Passiva	
Ersatzbedürftiger Gegenstand	100 000 ℳ	Schulden	200 000 ℳ
Kassenbestand . . .	400 000 „	Rücklage	500 000 „
Sonstige Aktiven . .	1 000 000 „	Kapitalkonto	800 000 „
	1 500 000 ℳ		1 500 000 ℳ

Findet nunmehr im Wirtschaftsjahre 1921 die Ersatzbeschaffung statt, so sind nach § 8 der Verordnung 40 v. H. des Anschaffungspreises des Ersatzgegenstands, also 40 v. H. von 1000000 ℳ = 400000 ℳ als tatsächliche Mehrkosten anzusehen und zu Lasten der Rücklage zu verrechnen, d. h. auf der Aktivseite ist der Ersatzgegenstand mit 1000000 — 400000 ℳ = 600000 ℳ einzusetzen und auf der Passivseite die Rücklage um 400000 ℳ zu vermindern. Danach ergibt sich folgender

*) Von der Einstellung eines Gewinns, von Abschreibungen und von Entnahmen aus dem Kapitalkonto für Privatverbrauch u. dgl. ist der Einfachheit halber abgesehen werden.

Geschäftsabschluß 1921 (nach der Ersatzbeschaffung):

Aktiva		Passiva	
Ersatzbedürftiger Gegenstand	— ℳ	Schulden	800 000 ℳ
Kassenbestand . . .	100 000 „	Rücklage	100 000 „
Ersatzgegenstand . .	600 000 „	Kapitalkonto . . .	800 000 „
Sonstige Aktiven . .	1 000 000 „		
	1 700 000 ℳ		1 700 000 ℳ

Kapitalkonto 1920 . .	800 000 ℳ
„ 1921 . .	800 000 „
	0.

Es ist also kein Verlust vorhanden, da die Mehrkosten aus der Rücklage gedeckt sind.

IV Wenn der Betrag von 40 v. H. des Anschaffungs- oder Herstellungspreises den *tatsächlichen Mehrkosten nicht entspricht*, d. h. wenn der **gemeine Wert** des Ersatzgegenstands am Schlusse des Wirtschaftsjahrs, in dem die Ersatzbeschaffung stattgefunden hat, **höher** oder **niedriger** ist **als 60 v. H.** des Anschaffungs- oder Herstellungspreises, kann das Finanzamt die *Mehrkosten* und damit den auf die Rücklage zu verrechnenden Betrag *anderweit festsetzen* (Abs. 2). Dann ist auf der Aktivseite der Ersatzgegenstand mit dem Anschaffungs- oder Herstellungspreis abzüglich der anderweit festgesetzten Mehrkosten, also mit dem vom Finanzamt angenommenen gemeinen Werte einzustellen und auf der Passivseite die Rücklage um den gleichen Mehrkostenbetrag zu vermindern. Die anderweite Festsetzung der Mehrkosten setzt voraus, daß der Steuerpflichtige den von ihm behaupteten gemeinen Wert einwandfrei nachweist. Der Begriff des *gemeinen Wertes* bestimmt sich nach § 138 der Abgabenordnung; er entspricht dem Preise, der im gewöhnlichen Geschäftsverkehre nach der Beschaffenheit des Gegenstands unter Berücksichtigung aller den Preis beeinflussenden Umstände bei einer Veräußerung zu erzielen wäre, wobei ungewöhnliche oder lediglich persönliche Verhältnisse nicht zu berücksichtigen sind.

V Soweit die **Rücklage** zur Bestreitung der nach Abs. 1 oder nach Abs. 2 festgesetzten Mehrkosten **nicht ausreicht** oder wenn eine Rücklage *nicht vorhanden* ist, können die Mehrkosten gemäß § 33a EStG. *abgeschrieben* werden oder, wie es die Verordnung im Anschluß an den Wortlaut des Gesetzes ausdrückt, „als Werbungskosten in Abzug gebracht" werden. Wenn also in dem obigen Beispiel die Rücklage nicht 500 000 ℳ, sondern nur 300 000 ℳ beträgt, bleiben von den 400 000 ℳ betragenden Mehrkosten 100 000 ℳ ungedeckt; diese können abgeschrieben werden. Die Abschreibung braucht im Geschäftsabschluß nicht besonders in Erscheinung treten, sondern sie kann in der Weise erfolgen, daß auch hier auf der Aktivseite der Ersatzgegenstand mit dem Anschaffungs- oder Herstellungspreis abzüglich der auf 40. v. H. oder anderweit festgesetzten Mehrkosten angesetzt und auf der Passivseite die Rücklage, falls eine solche vorhanden ist, gestrichen wird. Dann ist das Bild vor und nach der Ersatzbeschaffung folgendes:

Geschäftsabschluß 1920 (vor der Ersatzbeschaffung)

Aktiva		Passiva	
Ersatzbedürftiger Gegenstand	100 000 ℳ	Schulden	200 000 ℳ
Kassenbestand . . .	400 000 „	Rücklage	300 000 „
Sonstige Aktiven . .	1 000 000 „	Kapitalkonto . . .	1 000 000 „
	1 500 000 ℳ		1 500 000 ℳ

Geschäftsabschluß 1921 (nach der Ersatzbeschaffung)

Aktiva		Passiva	
Ersatzbedürftiger Gegenstand	—	Schulden	800 000 ℳ
Kassenbestand . . .	100 000 ℳ	Rücklage	—
Ersatzgegenstand . .	600 000 „	Kapitalkonto . . .	900 000 „
Sonstige Aktiven . .	1 700 000 „		
	1 700 000 ℳ		1 700 000 ℳ

Kapitalkonto 1920 . .	1 000 000 ℳ
„ 1921 . .	900 000 „
Verlust .	100 000 ℳ

VI Eine **Verpflichtung** zur **Absetzung** der **Mehrkosten** besteht für den Steuerpflichtigen nicht, vielmehr gilt insoweit die Vorschrift des § 33a, wonach der Steuerpflichtige die Wahl hat, ob er an Stelle des Anschaffungs- (Herstellungs-) Preises den niedrigeren gemeinen Wert einsetzen will. Setzt er den Ersatzgegenstand mit dem vollen Anschaffungs- (Herstellungs-) Preis an, so bleibt die Rücklage unverändert. Wenn er aber die Mehrkosten abschreibt, dann muß er die Rücklage entsprechend kürzen („Die Mehrkosten sind zu Lasten dieser Rücklage zu verrechnen", § 59a Abs. 1 Satz 2). Selbstverständlich dürfen in keinem Falle Mehrkosten, die durch Rücklagen gedeckt sind, nochmals abgeschrieben werden (§ 59a Abs. 1 Satz 3). Dann ist auch eine Gesamtabschreibung jedenfalls insoweit ausgeschlossen, als die ihr zugrundeliegende Wertminderung bereits durch eine Verrechnung von Mehrkosten auf die Rücklage ausgeglichen ist.

I. Vorläufige Festsetzung der **verlorenen Mehrkosten** auf 40%. S. die Ausführungen zu § 3.

II. Setzt der Gesetzgeber die „verlorenen Mehrkosten" auf 40% des Beschaffungspreises fest, so ist damit schon gegeben, daß er den „**gemeinen Wert**" im Sinne des § 59a Einkommensteuernovelle auf 60% des Beschaffungspreises schätzt (vgl. die Ausführungen zu § 7 unter d). Da diese Schätzung naturgemäß eine Willkürlichkeit ist, ist in Abs. II den Finanzämtern die Möglichkeit gelassen, auch andere Festsetzungen zu treffen, insbesondere also, wenn die Geldentwertung fortschreitet, zuzulassen, daß bei Ersatzbeschaffungen den Rücklagen ein größerer Betrag als 40% entnommen bzw. als Werbungskosten abgebucht werden darf. Gelegentlich der Vorberatungen im Unterausschuß des 11. Ausschusses wurde diese Vorschrift von einem Regierungsvertreter wie folgt erläutert: „Die Vorschrift behandele den Fall, daß die Ersatzbeschaffung stattgefunden habe und nun die tatsächlichen Mehrkosten auf die Rücklage zu verrechnen seien. Diese Verrechnung erfolge in der Weise, daß auf der Aktivseite der Ersatzgegenstand mit dem Anschaffungspreis abzüglich der Mehrkosten eingestellt und auf der Passivseite der Mehrkostenbetrag von der Rücklage abgebucht werde. Da nun die Feststellung des zu verrechnenden Betrages im Einzelfalle häufig schwierig sei und leicht zu Streitigkeiten zwischen dem Finanzamt und dem Steuerpflichtigen führen könne, so sei hierfür auf Grund der in § 59a Abs. 2 Satz 2 besonders erteilten Ermächtigung Richtlinien über die jeweilige Höhe der Mehrkosten zu erlassen, ein fester Satz vorgesehen, der ungefähr dem Verhältnis entspreche, in dem nach der dem § 2 zugrunde liegenden Annahme die voraussichtlichen Mehrkosten zu dem voraussichtlichen Anschaffungspreis stehen würden. Diese Regelung liege auch im Interesse des Steuerpflichtigen, der vielfach gar nicht in der Lage sein würde, den tatsächlichen gemeinen Wert und damit die Mehrkosten nachzuweisen. Soweit der hiernach auf die Rücklage verrechnete Betrag nicht ausreiche, um die tatsächlichen Mehrkosten zu decken, könnten die überschießenden Mehrkosten gemäß § 59a Abs. 1 Satz 2, § 33a abgeschrieben werden. Die Berechnung des festen Satzes sei in der Weise erfolgt, daß unter Annahme eines zukünftigen Anschaffungspreises vom 15fachen des Friedenswertes und eines dauernden gemeinen Wertes vom 10fachen des Friedenswertes die Höhe der Mehrkosten sich mit $33^1/_3$% des Anschaffungspreises des Ersatzgegenstandes ergebe. Die Regierung komme also mit Einsetzung von 40% den Zensiten sehr weit entgegen."

Das ist natürlich nur bedingt richtig, da in keiner Weise feststeht, daß der „dauernde gemeine Wert" das 10fache des Friedenspreises sein werde. Ist er aber nur das $2^1/_2$fache des Friedenspreises — wie im Reichstag bei Schaffung des § 59a angenommen wurde —, reichen 40% nicht aus, sondern sind $\frac{15-2^1/_2}{15} = \frac{12^1/_2}{15} = {}^5/_6$ des Anschaffungspreises, d. h. über 80% erforderlich. Vgl. Wassermann bei Zeiler, Wassermann, Mayer, Die Geldentwertung usw. S. 22, die volkswirtschaftliche Einleitung von Mahlberg unter VI, die Anm. II vor § 1 und I zu § 2.

III. Abs. II ermöglicht auch den Finanzämtern eine billige Regelung (§ 6 RAO.) in den — nicht vorgesehenen — Fällen zu treffen, in denen der beschaffte Gegenstand sich nur **teilweise** als **Ersatzgegenstand** im Sinne des § 1 (teilweise aber als Betriebserweiterung) darstellt. Beispiel: In einem Betrieb arbeitet ein im Jahre 1914 angeschaffter 20 PS.-Elektromotor, dessen Anschaffungspreis 6000 ℳ betragen hat. Der Motor wird im Jahre 1924 ersetzt, aber im Interesse des Betriebs durch einen 50 PS.-Elektromotor zum Preise von 100000 ℳ. Es ist nun zweifellos nicht ohne weiteres zulässig, falls die Rücklage es erlaubt, ihr 40% oder mehr (s. oben) von 100000 ℳ zu entnehmen. Will das Finanzamt vielmehr sich ganz dem Geiste der Verordnung anpassen, wird es feststellen müssen, was nunmehr, also im Jahre 1924, ein 20 PS.-Motor kostet. Dann stellen sich gemäß § 8, I 40% des Beschaffungspreises (bzw. der als angemessen zu erachtende Prozentsatz, s. oben) eines 20 PS.-Motors als „verlorene Mehrkosten" dar und sind rücklagefähig, bzw. dürfen über Werbungskosten abgebucht werden. Derselben Ansicht Mainzer und offenbar auch Erler-Koppe, EStNovelle Anm. 2b zu § 59a.

IV. Der Abzug als Werbungskosten hat die buchtechnische Bedeutung, daß sich die Unkosten um den abgezogenen Betrag erhöhen und der so abgebuchte Betrag demgemäß den erzielten Gewinn vermindert, während die Verbuchung zu Lasten der Rücklage die Gewinnrechnung des Ersatzbeschaffungsjahres nicht berührt.

V. Die Absätze II und III waren im Referentenentwurf nicht enthalten. Sie sind erst nach der letzten Sitzung des Unterausschusses des 11. Ausschusses des Reichstags — also ohne Kenntnis und Zustimmung der Sachverständigen und der Reichstagsmitglieder — in die Ausführungsbestimmungen eingeführt worden.

a) Was Abs. II betrifft, so kommt ihm selbstverständlich nur insoweit Bedeutung zu, als die „Mehrkosten" der Rücklage entnommen werden sollen. Nicht dagegen kann das Finanzamt durch „anderweitige Festsetzung" verhindern, daß der Steuerpflichtige den gemeinen Wert des Ersatzgegenstandes nach § 33a anders bewertet, als seiner Festsetzung für Rücklagen nach § 59a entspricht. Jedenfalls sind an eine derartige Festsetzung die Finanzgerichte und der Reichsfinanzhof in keiner Weise gebunden. S. auch die Einleitung von Mahlberg unter VI., oben Anm. II zu § 8 und Neumann in den Mitt. d. StASt. 1921 S. 181. Die abweichende Ansicht von Erler-Koppe S. 26 ist unzutreffend, wenn es auch zunächst schwer einleuchtet, daß als „gemeiner Wert" eines Gegenstandes für denselben Steuerpflichtigen nach dem gleichen Gesetz zwei verschiedene Werte figurieren können. Schuld daran trägt natürlich die Gesetzestechnik!

b) Abs. III ist unnötig. Dazu hat der Steuerpflichtige ohnedies die Erlaubnis gemäß § 33a. Andererseits gibt § 59a dem Finanzministerium keine Ermächtigung zu einer derartigen Bestimmung. Die Vorschrift stellt sich demgemäß nur als eine Verwaltungsanordnung an die Finanzämter dar und wäre besser in die Dienstanweisung des Reichsfinanzministeriums aufgenommen worden.

VI. Verwendung der **Rücklage** zu **Zwecken**, die im **Gesetz nicht vorgesehen** sind. Da die Rücklage kein Wertberichtigungskonto ist, sondern eine echte — aber kraft Gesetzes steuerfreie — Reserve darstellt, steht ihrer Auflösung im Falle eines mit Verlust endigenden Geschäftsjahres nichts im Wege. Andererseits kann auch — ohne daß es eines besonderen Antrags bedarf — in der nächsten Bilanz eine neue Rücklage gebildet werden (ebenso Erler-Koppe S. 54).

Versteuerung der nicht verwendeten Rücklage.

§ 9.

Soweit bis zum Schlusse des Wirtschaftsjahrs, dessen Ergebnis der Veranlagung zur Einkommensteuer für das Rechnungsjahr 1930 zugrunde zu legen ist, die gebildete Rücklage nicht zur Bestreitung der Mehrkosten von Ersatzbeschaffungen

verwendet worden ist, wird je ein Siebentel des in diesem Zeitpunkt noch vorhandenen Betrags der Rücklage bei der Veranlagung zur Einkommensteuer für die Rechnungsjahre 1930 bis 1936 dem Betriebs- oder Geschäftsgewinn als steuerbare Einnahme hinzugerechnet.

§ 10.

Geht das land- oder forstwirtschaftliche, gewerbliche oder bergbauliche Unternehmen vor Ablauf des Rechnungsjahrs 1935 von Todes wegen als Ganzes zum Weiterbetrieb auf einen anderen Eigentümer über, so tritt der Erwerber bezüglich der Bildung der Rücklage und deren Versteuerung in die Rechte und Pflichten des Erblassers ein; die Bestimmung findet entsprechende Anwendung, wenn das Unternehmen infolge eines Übergabevertrags an Abkömmlinge des Steuerpflichtigen übergeht. Veräußert der Steuerpflichtige das Unternehmen oder gibt er dessen Betrieb vor Ablauf des Rechnungsjahrs 1935 auf, so ist dem steuerbaren Einkommen des Kalender- oder Wirtschaftsjahrs, in dem die Aufgabe des Betriebs erfolgt, der Betrag der Rücklage zuzurechnen, der bis zur Veräußerung oder Aufgabe des Betriebs nicht zu Ersatzbeschaffungen verwendet worden ist. In diesem Falle wird die Einkommensteuer von dem gesamten steuerbaren Vermögen nach dem Hundertsatz erhoben, der nach § 21 des Einkommensteuergesetzes anzuwenden wäre, wenn die Steuer von dem übrigen Einkommen zuzüglich des Betrags erhoben würde, der sich bei gleichmäßiger Verteilung der nicht verbrauchten Rücklage auf die Jahre ergibt, in denen die Rücklage gebildet wurde. Falls sich hiernach kein Hundertsatz ergibt, wird die Steuer nach dem niedrigsten im § 21 des Einkommensteuergesetzes vorgesehenen Abgabesatz erhoben.

§ 11.

Fällt bei einem Steuerpflichtigen, der eine steuerfreie Rücklage gebildet hat, im Laufe eines Kalenderjahrs die Steuerpflicht weg, so ist der nicht zu Ersatzbeschaffungen verwendete Betrag der Rücklage, soweit er nicht gemäß § 9, § 10 Satz 2 nachversteuert ist, dem steuerbaren Einkommen des vorhergegangenen Kalenderjahrs oder des Wirtschaftsjahrs, das in dem vorhergegangenen Kalenderjahr endet, hinzuzurechnen. Die Vorschrift des § 10 Satz 3, 4 findet Anwendung. Eine bereits erfolgte Veranlagung ist nötigenfalls zu berichtigen.

DA. zu §§ 9 und 10. [I] Rücklagen, die bis zum Schlusse des Wirtschaftsjahrs, dessen Ergebnis der Einkommensteuerveranlagung für das Rechnungsjahr 1930 zugrunde zu legen ist, nicht verwendet worden sind, werden zu je einem Siebentel des in diesem Zeitpunkt noch vorhandenen Restbetrags bei der Veranlagung der Einkommensteuer für die Rechnungsjahre 1930 bis 1936 dem steuerbaren Einkommen hinzugerechnet. Hieraus ergibt sich, daß nach Ablauf des im Kalenderjahre 1935 endenden Wirtschaftsjahrs eine Verrechnung von Mehrkosten auf die Rücklage nicht mehr stattfindet und daher die Mehrkosten abgeschrieben werden können. Dies schließt jedoch nicht aus, daß jetzt für die nach diesem Zeitpunkt voraussichtlich erfolgenden Ersatzbeschaffungen Rücklagen gebildet werden, da die Möglichkeit besteht, daß die Ersatzbeschaffung doch früher notwendig wird.

[II] Wenn der Steuerpflichtige den Betrieb vor Ablauf des Rechnungsjahrs 1935 aufgibt, ist die nicht verwendete Rücklage in voller Höhe dem steuerbaren Einkommen des Kalenderjahrs, in dem die Aufgabe des Betriebs erfolgt ist, hinzuzurechnen, jedoch unter Anwendung eines ermäßigten Steuersatzes (§ 10, Satz 2, 3, 4).

[III] Geht das Unternehmen vor Ablauf des Rechnungsjahres 1935 auf einen anderen über, so ist für die Versteuerung der Rücklagen zu unterscheiden, ob es sich um einen Übergang von Todes wegen, dem die Übertragung an einen Abkömmling auf Grund eines Übergabevertrags und ebenso der Übergang bei Fortsetzung einer Gütergemeinschaft gleichsteht, oder um eine Veräußerung handelt.

[IV] Im ersten Falle ist der Übergang des Unternehmens auf die Versteuerung der Rücklagen ohne Einfluß. Der Erwerber tritt bezüglich der Versteuerung der Rücklage in die Rechte und Pflichten des Rechtsvorgängers ein (§ 10 Satz 1).

[V] Dagegen wird im Falle der Veräußerung des Unternehmens der Steuerpflichtige ebenso behandelt, als wenn er den Betrieb aufgegeben hätte, d. h. er muß die nicht verwendete Rücklage sofort nachversteuern (§ 10 Satz 2). Der Erwerber kann keine steuerfreien Rücklagen bilden, da er die ersatzbedürftigen Gegenstände nach dem 31. Dezember 1919 erworben hat und sie als Ersatzgegenstände (§ 1 Abs. 3) nicht in Frage kommen können (vgl. zu § 1).

DA. zu § 11. Wenn ein Steuerpflichtiger, der eine steuerfreie Rücklage gebildet hat, aus der **Steuerpflicht ausscheidet**, z. B. ein Ausländer nach Aufgabe des Betriebs oder Veräußerung des Unternehmens seinen Wohnsitz ins Ausland verlegt oder ein bereits im Ausland wohnender Deutscher oder Ausländer den Betrieb aufgibt oder das Unternehmen veräußert, wird der nicht verwendete Betrag der Rücklage, soweit er nicht bereits gemäß § 9, § 10 Satz 2 nachversteuert ist, dem steuerbaren Einkommen des Kalenderjahrs, das dem Kalenderjahre vorausgeht, in dem die Steuerpflicht weggefallen ist, oder des in dem vorhergegangenen Kalenderjahr endenden Wirtschaftsjahrs hinzugerechnet. Eine etwa bereits erfolgte Veranlagung ist nötigenfalls zu berichtigen.

I. Dauer der Verwendung der Rücklage: Für die Bildung der

Rücklage kann nur der Gewinn verwendet werden, der in den Wirtschafts-(Geschäfts-)jahren 1920/26 erzielt wird; nur in den Bilanzen, die für diese Geschäftsjahre errichtet werden, ist die Einstellung einer steuerfreien Rücklage gesetzlich zulässig. Nach dem für die Veranlagung für das Rechnungsjahr 1926 in Betracht kommenden Wirtschaftsjahr ist sonach eine steuerfreie Rücklage gemäß § 59a der Einkommensteuernovelle nicht mehr zulässig. Dagegen ist es nicht erforderlich, daß die gebildete Rücklage auch bis zum Schluß des Wirtschaftsjahres 1926 verbraucht wird: vielmehr kann die Ersatzbeschaffung, für welche die Rücklage in Anspruch genommen wird, auch noch in den Wirtschaftsjahren 1927, 1928, 1929 und 1930 stattfinden. Für alle Ersatzbeschaffungen bis zu dem Wirtschaftsjahr 1930 können die Mehrkosten aus der gebildeten Rücklage entnommen werden.

II. Steuerrechtliche Folgen, **falls die Rücklage bis zum Ende des Wirtschaftsjahres 1930 aufgebraucht** worden ist: keine. Der steuerrechtliche Vorgang, wie ihn die Bestimmung des § 59a auslöst, hat sein Ende gefunden.

III. Steuerrechtliche Folgen, **falls die Rücklage bis zum Ende des Wirtschaftsjahres 1930 nicht aufgebraucht** worden ist:

a) ohne Änderung in der Person des Steuerpflichtigen: Der bleibende Teil der Rücklage wird dem Einkommen des Steuerpflichtigen bei den Veranlagungen zur Einkommensteuer für die Rechnungsjahre 1930/36 mit je $^1/_7$ der Rücklage als steuerbare Einnahme hinzugerechnet. Voraussetzung hierbei ist, daß bis zum Jahr 1936 steuerbarer Betriebs- oder Geschäftsgewinn erzielt wird. Begründet wurde diese Vorschrift nach der „Niederschrift" durch einen Regierungsvertreter dahin: „daß doch ein Unterschied bestehe. Die Regelung des Entwurfs beruhe auf der Erwägung, daß derjenige, der den Vorteil der Steuerfreiheit genossen habe, auch den Nachteil der Nachversteuerung tragen müsse. Wenn die Rücklagen beim Veräußerer auch nach der Veräußerung steuerfrei bleiben würden, so würde dies dazu führen, daß der Erwerber gezwungen werden müsse, im Falle einer Ersatzbeschaffung die Mehrkosten auf die Rücklage zu verrechnen, da sonst die Mehrkosten zweimal steuerfrei bleiben würden, einmal beim Veräußerer als Rücklagen und einmal beim Erwerber als Abschreibungen. Der Erwerber würde also in diesem Falle die Mehrkosten nicht abschreiben dürfen, obgleich er den in der Rücklage steckenden Wert des Unternehmens bezahlt habe. Dann würde der Veräußerer, dem keine Aufwendungen für die Mehrkosten mehr zur Last fielen, diesen Betrag steuerfrei erworben haben, während der Erwerber die von ihm aufgewendeten Mehrkosten versteuern müsse. Das würde eine große Unbilligkeit sein, und mit dem Zwecke des § 59a den jeweiligen Betriebsinhaber zu begünstigen, in Widerspruch stehen."

Die Steuerersparnis, die in diesem Fall eintritt, auch wenn die Rücklage nicht vollständig zur Bestreitung von Mehrkosten verwendet wird, sondern teilweise in den Steuerjahren 1930/36 nachzuversteuern ist, weist Mainzer an der Hand eines Beispiels wie folgt nach: Das im Steuerjahr 1920 vorhandene Anlagekapital rechtfertigt eine steuerfreie Rücklage von 2 Millionen Mark, die, wenn sie nicht zur Bildung der Rücklage verwendet würden, mit einem Satz von 60% zur Einkommensteuer herangezogen worden wären. Man nehme weiter an, daß von der Rücklage bis 1930 nur 800 000 ℳ als Mehrkosten für Ersatzbeschaffung verwendet worden sind, so daß Ende 1930 noch eine Rücklage von 1 200 000 ℳ vorhanden ist, also gerade der Betrag, der im Jahre 1921 infolge Bildung der Rücklage an Einkommensteuer erspart worden ist; dieser Betrag muß nunmehr dem Einkommen der Jahre 1930/36 mit $^1/_7$ zugesetzt und — sagen wir wieder — mit 60% in den Jahren 1931/37 als Einkommensteuer bezahlt werden.

Die nach § 59a der Einkommensteuernovelle in dem vorstehenden Beispiel gesetzlich zulässige Bildung der Rücklage bedeutet sonach bei einer nur mit 5% angenommenen Verzinsung folgende Ersparnis:

5% Zinsen aus 1 200 000 ℳ [1]) vom 1. April 1921 bis 1. April 1931	600 000 ℳ
5% Zinsen aus 720 000 ℳ = (60% v. 1 200 000 ℳ)[2]) für 3½ Jahre (deshalb zu berechnen, weil der Betrag von 720 000 ℳ erst in 7 Jahresraten als Steuer abzuführen ist)	126 000 ℳ
Die nicht verwendete Rücklage ist nicht mit 100% als Steuer abzuführen, sondern sie wird nur dem Einkommen zugesetzt und ist deshalb mit höchstens 60% abzuführen (höchster Steuersatz der Einkommenbesteuerung), bleibt Mindestersparnis 40% von 1 200 000 ℳ	480 000 ℳ
Sonach Ersparnis durch Einsetzen der Rücklage .	**1 206 000 ℳ**

b) Bei Änderung der Person des Steuerpflichtigen oder in dem Fall, daß der Steuerpflichtige das Unternehmen aufgibt.

1. Wenn der Steuerpflichtige das Unternehmen, in welchem die Rücklage gebildet worden ist, vor Ablauf des Rechnungsjahres 1935 aufgibt, sei es, daß er das Unternehmen veräußert (wozu auch der Fall der Umwandlung in eine Aktiengesellschaft oder Gesellschaft mit beschränkter Haftung zu rechnen ist), sei es, daß er den Betrieb endgültig einstellt, so ist die zur Zeit der Aufgabe oder Veräußerung noch unverwendete Rücklage dem Einkommen des Steuerpflichtigen zuzusetzen, welches er in dem Kalender- oder Wirtschaftsjahr zu versteuern hat, in welchem die Aufgabe oder Veräußerung des Betriebes erfolgt. Da jedoch der durch Freiwerden der Rücklage steuerbare Gewinn nicht in einem Jahre erzielt worden ist, so wird die Einkommensteuer nach dem Steuerprozentsatz berechnet, der anzuwenden wäre, wenn die

---

[1]) = 60% von 2 000 000 ℳ steuerpflichtigen Betrag der rückgelegten Summe, der nunmehr 10 Jahre dem Betrieb zur Verfügung stand.

[2]) Nach unserem Beispiel wird die Rücklage in Höhe von 1 200 000 ℳ nicht aufgezehrt und bleibt nunmehr — infolge der Ratenzahlung — noch zeitweise im Zinsgenuß.

Rücklage gleichmäßig auf die sämtlichen Jahre verteilt würde, in denen sie gebildet ist und in dem Jahr, in dem sie nachversteuert wird, nur der Bruchteil angefallen wäre, der auf ein Jahr des Steuerzeitraums trifft. (§ 10 Satz 2 in Verbindung mit § 21 ESt.)

Beispiel:

Das steuerbare Einkommen aus dem Gewerbebetrieb beträgt im Jahre 1925 100 000 ℳ. Im Jahre 1925 wird das Geschäft veräußert; die unverwendete Rücklage, die in den Jahren 1920/24 gebildet worden ist, beträgt 250 000 ℳ. Es ist sonach dem Einkommen des Jahres 1925 von 100 000 ℳ der Betrag von 250 000 ℳ zuzurechnen, sodaß in diesem Jahre 350 000 ℳ zu versteuern sind. Die Versteuerung erfolgt wohl nach diesem Betrag, aber nicht nach dem Prozentsatz, der für ein Einkommen von 350 000 ℳ, sondern nach dem der für ein Einkommen von 100 000 ℳ + (250 000 : 5), sonach 150 000 ℳ in Betracht kommt.

Die Steuer beträgt also nicht, wie bei einem Einkommen von 350 000 ℳ 164 000 ℳ, sondern nur 156 000 ℳ.

Die nach dem Gesetz zulässige Steuerersparnis in den Fällen, in denen im Jahr 1920 ein zulässiges Rücklagekonto von 250 000 ℳ bei einem angenommenen Gesamteinkommen von 500 000 ℳ gebildet worden ist, wenn im Jahre 1925 das Geschäft verkauft wird, ohne daß die Rücklage verwendet worden ist, ergibt sich aus folgendem:

Wäre das Einkommen des Jahres 1920 von 300 000 ℳ versteuert worden, so hätte die Steuer betragen . .	251 600 ℳ
Da nur 250 000 ℳ versteuert worden sind, so beträgt die Steuer	109 100 ℳ
Es bleiben sonach im Geschäft	142 500 ℳ
Rechnet man nur eine Verzinsung von 5%, so macht dies in den 5 Jahren	35 625 ℳ
Die Steuer bei Veräußerung des Geschäftes und Freiwerden der Rücklage im Jahre 1925 bei einem Einkommen von 100 000 ℳ in diesem Jahre beträgt nicht, wie unter Zugrundelegung des Steuersatzes für 350 000 ℳ zu errechnen wäre, 164 000 ℳ, sondern, wie vorstehend angegeben	156 600 ℳ
Differenz:	7 500 ℳ
sonach gesetzlich zulässige Ersparnis .	43 125 ℳ

(Mainzer.)

2. Wenn bei einem Steuerpflichtigen, der eine steuerfreie Rücklage gebildet hat, im Laufe des Kalenderjahres die Steuerpflicht wegfällt, insbesondere also, wenn er verstirbt, ohne daß das Geschäft von seinen Erben weitergeführt wird, so ist der nicht verwendete Teil der Rücklage dem Einkommen aus dem dem Wegfall der Steuerpflicht vorausgegangenen Kalenderjahr oder Wirtschaftsjahr hinzuzurechnen, soweit der freigewordene Teil der Rücklage nicht bereits nachversteuert ist; (§ 11 Satz 1) die Begünstigung hinsichtlich des Steuersatzes wie unter 2 gilt auch hier (§ 11 Satz 2).

Beispiel:

Unverwendbare, in den Jahren 1920/26 angesammelte Rücklage zum Ende des Rechnungsjahres 1930	700 000 ℳ
hiervon dem Gewerbeeinkommen aus den Jahren 1930/32 hinzugerechnet je 100 000 ℳ	300 000 ℳ
Betrag der Rücklage Ende 1932	400 000 ℳ
Der Steuerpflichtige stirbt im Jahre 1933. Er hat für das Jahr 1932 ein Einkommen versteuert von	200 000 ℳ
Diese Veranlagung wird nunmehr berichtigt und dem Einkommen aus dem Jahre 1932 der Betrag der Rücklage per Ende 1932 hinzugerechnet mit	400 000 ℳ
so daß für das Jahr 1932 zu versteuern sind . . .	600 000 ℳ

Der Steuersatz wird aber berechnet nicht nach dem Einkommen von 600 000 ℳ, sondern nach dem Einkommen von 200 000 ℳ + (400 000 : 7) = 200 000 + 57 100 = 257 100 ℳ, nach dem hierfür in Betracht kommenden Steuersatz wird das Einkommen von 600 000 ℳ versteuert. (Mainzer).

3. Wenn der Betrieb, in welchem die steuerfreie Rücklage gebildet ist, durch Erbfolge als Ganzes auf Erben übergeht oder infolge Übergabevertrags an einen Abkömmling des Steuerpflichtigen übereignet wird, so tritt der Erwerber (Erbe und Übernehmer) bezüglich der Bildung der Rücklage und ihrer Verwendung in die Rechte und Pflichten des seitherigen Steuerpflichtigen ein. Die Rechtslage hinsichtlich der Rücklage ist sonach die, als wäre die Erbfolge oder die Übergabe nicht eingetreten; die Regelung ist dieselbe wie zu a (§ 10 Satz 1).

Anlage 1.[1])

Muster A.

Finanzamt ....

Nr. .... der Hauptsteuerliste.

Name des Steuerpflichtigen ....

Wohnort ....

Wohnung ....

Verzeichnis

der ersatzbedürftigen Gegenstände, für deren Ersatzbeschaffung Rücklagen gemäß § 59 a des Einkommensteuergesetzes gebildet werden sollen (§ 4 der Verordnung zur Ausführung des § 59 a des Einkommensteuergesetzes vom 25. Juli 1921).

[1]) Die folgenden 4 Anlagen sind der DA. entnommen. S. Anm. 3 zu zu § 59 a EStG. S. 18. Die Wiedergabe der Anlagen bei Erler-Koppe S. 137 ff. ist unvollständig.

Verzeichnis der ersatzbedürftigen Gegenstände.

(*Ersatzbedürftige Gegenstände gemäss § 1 Abs. 1 der Verordnung zur Ausführung des § 59 a des EStG. vom 25. Juli 1921.*)

Laufende Nummer	Bezeichnung der ersatzbedürftigen Gegenstände	Jahr der Anschaffung oder Herstellung	Preis der Anschaffung oder Herstellung ℳ	Voraussichtliche Gesamtgebrauchsdauer Jahre	Voraussichtlicher Zeitpunkt der Ersatzbeschaffung	Bemerkungen
1	2	3	4	5	6	7
			*)			
1	*Fabrikgebäude . .*	*1880*	*5 000*	*50*	*Anfang 1930*	
2	*Maschinenhalle . .*	*1904*	*1 000*	*40*	*Ende 1944*	
3	*Dampfmaschine I*	*1910*	*100*	*15*	*Ende 1925*	
4	*Dampfmaschine II*	*1917*	*140*	*10*	*Anfang 1927*	
5	*Dynamo I . . . .*	*1909*	*100*	*10*	*Anfang 1920*	
6	*Dynamo II . . .*	*1910*	*100*	*10*	*Ende 1920*	
7	*Dynamo III . . .*	*1913*	*100*	*10*	*Anfang 1923*	
8	*Dynamo IV . . .*	*1919*	*400*	*8*	*Ende 1927*	
9	*Lichtanlage . . .*	*1918*	*10*	*6*	*Ende 1924*	

Das Wirtschaftsjahr läuft vom *1. Juli* bis zum *30. Juni*

.... den 19

....

(Unterschrift.)

Anm. Die Spalten 1—7 sind vom Steuerpflichtigen oder nach seinen Angaben vom Finanzamt auszufüllen.

*) *In 1000 Mark.*

Berechnungsbogen

für die steuerfreie Rücklage gemäß § 3 der Verordnung zur Ausführung des § 59a des Einkommensteuergesetzes vom 25. Juli 1921.

[…] nach § 2 der VO.	Voraussichtliche Mehrkosten (§ 2 der VO.) ℳ	Beginn des Verteilungszeitraums (§ 3 der VO.)	Ende des Verteilungszeitraums (§ 3 der VO.)	Anzahl der im Verteilungszeitraum liegenden Wirtschaftsjahre (§ 3 der VO.)	Anteil auf das Wirtschaftsjahr, das endet im Kalenderjahre 1920 ℳ	1921 ℳ	1922 ℳ	1923 ℳ	1924 ℳ	1925 ℳ	1926 ℳ	Bemerkungen
8	9	10	11	12	13	14	15	16	17	18	19	20
6	*) 30 000	1.7.1919	30.6.1929	10	*) 3000	*) 3000	*) 3000	*) 3000	*) 3000	*) 3000	*) 3000	
6	6 000	1.7.1919	30.6.1944	25	24	24	24	24	24	24	24	
6	600	1.7.1919	30.6.1925	6	100	100	100	100	40[1]) 100	40[1]) 100	40[1]) —	
3	420	1.7.1919	30.6.1926	7	60	60	60	60	60	60	60	
—	—	—	—	—	Keine Rücklagen							
6	600	1.7.1919	30.6.1920	1	600	—	60[1]) —	60[1]) —	60[1]) —	60[1]) —	60[1]) —	
6	600	1.7.1919	30.6.1922	3	200	200	200	—	—	48[1]) —	48[1]) —	
2	800	1.7.1919	30.6.1927	8	100	100	100	100	100	100	100	
3	30	1.7.1919	30.6.1924	5	6	6	6	6	8[1]) 6	8[1]) —	8[1]) —	
				Steuerfreie Rücklagen [2])	4090	3490	3550	3350	3292	3340	3340	
				abzusetzen vom Betriebs- oder Geschäftsgewinne des Rechnungsjahrs . .	1920	1921	1922	1923	1924	1925	1926	

geprüft durch ....

am ....

[1]) *Veränderungen infolge von Ersatzbeschaffungen (vgl. Anl. 3).*

[2]) *Nach Berücksichtigung der Veränderungen infolge von Ersatzbeschaffungen.*

Anm. Die Berechnung der Rücklagen ist, soweit sie nicht vom Steuerpflichtigen vorgenommen ist, vom Finanzamt aufzustellen.
Änderungen infolge späterer Ersatzbeschaffungen sind mit roter Tinte einzutragen.

Anlage 2. **Muster B.**

Finanzamt ....

Nr. .... der Hauptsteuerliste

Name des Steuerpflichtigen ....

Wohnort ....

Wohnung ....

Nachweisung

über Ersatzbeschaffungen im Wirtschaftsjahre vom *1. Juli 1921* bis zum *30. Juni 1922*

(§ 7 der Verordnung zur Ausführung des § 59a des Einkommensteuergesetzes vom 25. Juli 1921).

Lfde. Nr.	Bezeichnung des ersetzten Gegenstands	Nr. des Verzeichnisses nach § 4 der WD.	Für den Beginn des Wirtschaftsjahrs eingestellter Wert des ersetzten Gegenstands ℳ	Anschaffungs- oder Herstellungspreis des Ersatzgegenstands ℳ	Für den Schluß d. Wirtschaftsjahrs eingestellter Wert des Ersatzgegenstands ℳ	Zur Bestreitung des Anschaffungs- od. Herstellungspreises d. Ersatzgegenstands sind aus der Rücklage entnommen ℳ	Zur Bestreitung des Anschaffungs- od. Herstellungspreises d. Ersatzgegenstands sind als Werbungskosten verrechnet ℳ	Bemerkungen, insbesondere über die Verwendung des ersetzten Gegenstands
1	2	3	4	5	6	7	8	9
1	*Dynamo II*	*6*	*) *0*	*) *1 500*	*) *810*	*) *600*	—	*) *Anfang 1921 verkauft als Alteisen für ℳ 1.—* *) *Sp. 6: Ansch.-Preis . . . . 1 500* *ab Mehrkosten . . . . 600* *900* *ab 10 v. H. Abnutzung . . 90* *810*
	Desgl. im Wirtschaftsjahre vom 1. 7. 1923 bis 30. 6. 1924							
1	*Lichtanlage*	*9*	*1*	*100*	*48*	*40*	—	*Wertlos —* *) *Sp. 6: Ansch.-Preis . . . . 100* *ab Mehrkosten . . . . . . 40* *60* *ab 20 v. H. Abnutzung . . 12* *48*

2	Dampf-maschine I	3	14	1000	540	400	—	Durch Explosion vernichtet *) Sp. 6: Ansch.-Preis . . . . 1 000 ab Mehrkosten . . . . 400 600 ab 10 v. H. Abnutzung . . 60 540
			Desgl. im Wirtschaftsjahre vom 1. 7. 1924 bis 30. 6. 1925					
1	Dynamo III	7	0	1 200	648	480	—	Ende 1923 verkauft als Alteisen für ℳ 1.— *) Sp. 6: Ansch.-Preis . . . . 1 200 ab Mehrkosten . . . . 480 720 ab 10 v. H. Abnutzung . . 72 648
			Desgl. im Wirtschaftsjahre vom 1. 7. 1926 bis 30. 6. 1927					
1	Dampf-maschine II	4	1	1000	540	400	—	Als Alteisen verkauft für ℳ 1.— Sp. 4: Abgeschrieben auf Alteisenwert *) Sp. 6: Ansch.-Preis . . . . 1 000 ab Mehrkosten . . . . 400 600 ab 10 v. H. Abnutzung . . 60 540
			Desgl. im Wirtschaftsjahre vom 1. 7. 1927 bis 30. 6. 1928					
1	Dynamo IV	8	1	1 100	594	440	—	Als Alteisen verkauft für ℳ 0.8 Sp. 4: Abgeschrieben auf Alteisenwert *) Sp. 6: Ansch.-Preis . . . . 1 100 ab Mehrkosten . . . . 440 660 ab 10 v. H. Abnutzung . . 66 594

*) In 1.000 Mark.

.............................., den .... 192 ....

....

(Unterschrift)

Anlage 3.

Verzeichnis der ersatzbedürftigen Gegenstände.

(*Ersatzbedürftige Gegenstände gemäss § 1 Abs. 3 der VO.*)

Lfde. Nr.	Bezeichnung der ersatzbedürftigen Gegenstände	Jahr der Anschaffung oder Herstellung	Preis der Anschaffung oder Herstellung ℳ *)	Voraussichtliche Gesamtgebrauchsdauer Jahre	Voraussichtlicher Zeitpunkt der Ersatzbeschaffung	Bemerkungen
1	*Dynamo II*	*Anfang 1922*	*1 500*	*10*	*Anfang 1932*	*Ersatz für Nr. 6*
2	*Lichtanlage*	*Ende 1923*	*100*	*5*	*Ende 1928*	*Ersatz für Nr. 9*
3	*Dampfmaschine I*	*Anfang 1924*	*1 000*	*10*	*Anfang 1934*	*Ersatz für Nr. 8*
4	*Dynamo III*	*Ende 1924*	*1 200*	*10*	*Ende 1933*	*Ersatz für Nr. 7*
5	*Dampfmaschine II*	*Ende 1926*	*1 000*	—	—	*Ersatz für Nr. 4 des Verzeichnisses Anl I*

*) *In 1000 Mark.*

Muster A.

Berechnungsbogen

für die steuerfreie Rücklage gemäß § 3 der Verordnung zur Ausführung des § 59a des Einkommensteuergesetzes vom 25. Juli 1921

Vervielfältigungssatz nach § 2 der VO.	Voraussichtliche Mehrkosten (§ 2 der VO.)	Beginn des Verteilungszeitraums	Ende des Verteilungszeitraums	Anzahl der im Verteilungszeitraum liegenden Wirtschaftsjahre	Anteil auf das Wirtschaftsjahr, das endet im Kalenderjahre						
					1920	1921	1922	1923	1924	1925	1926
	ℳ	§ 3 der VO.			ℳ	ℳ	ℳ	ℳ	ℳ	ℳ	ℳ
	*)						*)	*)	*)	*	*)
40%	*600*	*1. 7. 1921*	*30. 6. 1931*	*10*	—	—	*60*	*60*	*60*	*60*	*60*
40%	*40*	*1. 7. 1923*	*30. 6. 1928*	*5*	—	—	—	—	*8*	*8*	*8)*
40%	*400*	*1. 7. 1923*	*30. 6. 1933*	*10*	—	—	—	—	*40*	*40*	*40*
40%	*480*	*1. 7. 1924*	*30. 6. 1934*	*10*	—	—	—	—	—	*48*	*48*
—	—	—	—	—	*Keine steuerfreien Rücklagen*						

*) *In 1000 Mark.*

Anlage 4.

Veränderungen im Bestande der Rücklage in den einzelnen Wirtschaftsjahren.

Bestand der angesammelten Rücklage am Ende des Wirtschaftsjahrs	Rücklagen in den einzelnen Wirtschaftsjahren nach Anlage 1						
	1920	1921	1922	1923	1924	1925	1926
	ℳ	ℳ	ℳ	ℳ	ℳ	ℳ	ℳ
	*)	*)	*)	*)	*)	*)	*)
1919/20	4 090	3 490	3 550	3 350	3 392	3 340	3 340
		4 090					
1920/21		7 580	7 580				
			11 130				
Entnommen für Dynamo II			*600*				
1921/22			10 530	10 530			
1922/23				13 880	13 880		
					17 172		
Entnommen für Lichtanlage 40 *„ „ Dampfmaschine I 400*					*440*		
1923/24					16 732	16 732	
						20 076	
Entnommen für Dynamo III						*480*	
1924/25						19 596	19 596
1925/26							22 936
Entnommen für Dampfmaschine II							*400*
1926/27							22 536
Entnommen für Dynamo IV							*440*
1927/28							22 096
1929/30							22 096

Für die Rechnungsjahre 1930 bis 1936 sind nachzuversteuern je ℳ $\frac{22\,096}{7}$ = ℳ 3

---

*) *In 1000 Mark.*

III. Teil.

Vorschriften des Einkommensteuergesetzes über die Berechnung des Betriebs- und Geschäftsgewinns.

(§§ 32—33a EStG.)

§ 32.

Betriebsgewinne (Landwirte).

Als steuerbares Einkommen aus selbstbewirtschaftetem Grundbesitze kommt der gesamte land- und forstwirtschaftliche Betriebsgewinn in Ansatz. Der Betriebsgewinn ist durch Vergleich der Betriebseinnahmen und der Betriebsausgaben unter Berücksichtigung des Unterschieds in den Stand und Wert der Wirtschaftserzeugnisse, Waren und Vorräte des Betriebs, der dem Betrieb dienenden Gebäude nebst Zubehör, sowie des beweglichen Anlagekapitals am Schlusse des Wirtschaftsjahrs gegenüber deren Stand und Wert am Anfang desselben festzustellen. Den Betriebseinnahmen ist der Wert der Gegenstände, Ausbeuten oder Dienstleistungen hinzuzurechnen, die der Steuerpflichtige bei Bewirtschaftung des Grundbesitzes für sich und seinen Haushalt oder für andere Zwecke entnommen hat, die außerhalb des Betriebs folgen.

Werden von dem Steuerpflichtigen über den Betrieb der Land- und Forstwirtschaft geordnete, den Reinertrag nachweisende Bücher geführt, so sind die Abschlüsse dieser Bücher als Grundlage für die Ermittlung des Betriebsgewinns zu verwenden.

Das Einkommen aus dem pachtweisen Betriebe der Land- und Forstwirtschaft ist in gleicher Weise zu ermitteln, wie beim Betrieb auf eigenem Grund und Boden, unter Hinzurechnung des Mietswerts der mitgepachteten Wohnung. Der Pachtzins einschließlich des Wertes der etwa dem Pächter obliegenden Natural- oder sonstigen Nebenleistungen ist in Abzug zu bringen.

Geschäftsgewinne (Kaufleute).

§ 33.

Als steuerbares Einkommen aus dem Betrieb eines Gewerbes oder des Bergbaues kommt der Geschäftsgewinn in Ansatz. Der Geschäftsgewinn ist durch Vergleich der Betriebseinnahmen und der Betriebsausgaben unter Berücksichtigung des Unterschieds in dem Stande und Werte der Erzeugnisse, Waren und Vorräte des Betriebs, der dem Betrieb dienenden Gebäude nebst Zubehör, sowie des beweglichen Anlagekapitals am Schlusse des Geschäftsjahrs gegenüber deren Stande und Werte am Anfang desselben festzustellen. Den Geschäftseinnahmen ist der Wert der Gegenstände, Ausbeuten und Dienstleistungen hinzuzurechnen, die der Steuerpflichtige aus dem Betriebe seines Gewerbes für sich und seinen Haushalt oder für andere Zwecke entnommen hat, die außerhalb des Betriebs liegen.

Bei Steuerpflichtigen, welche Handelsbücher nach den Vorschriften des Handelsgesetzbuchs führen, ist der Geschäftsgewinn unter Beachtung der Vorschriften des § 15 nach den Grundsätzen zu berechnen, wie sie für die Inventur und Bilanz durch das Handelsgesetzbuch vorgeschrieben sind.

Anschaffungs- und Herstellungspreis.

§ 33 a.

Soweit für Gegenstände des Betriebsvermögens ein Anschaffungs- oder Herstellungspreis gegeben ist, gilt bei Berechnung des Betriebsgewinnes im Sinne der §§ 32, 33 als Wert dieser Gegenstände der Anschaffungs- oder Herstellungspreis nach Abzug der zulässigen Absetzungen für Abnutzung. Übersteigt für einen Gegenstand der Anschaffungs- oder Herstellungspreis den gemeinen Wert, so ist der Steuerpflichtige berechtigt, diesen Wert an Stelle des Anschaffungs- oder Herstellungspreises anzusetzen. In diesem Falle ist der für den Schluß eines Wirtschaftsjahrs angesetzte Wert als Wert der Gegenstände am Beginn des folgenden Wirtschaftsjahrs in Ansatz zu bringen.

Zu **§§ 32 und 33:** S. DA. Einleitung S. 19.

Zu **§ 33a:** S. ebenda, die volkswirtsch. Einleitung Mahlbergs unter VI, die Anm. 2 vor § 1, 4. zu § 1 und I zu § 2, ferner II und V zu § 8.

IV. Teil.

Die Verbuchung der steuerfreien Rücklage und ihrer späteren Verwendung

von **Prof. Dr. Mahlberg.**

Dem buchhaltungstechnisch denkenden Leser wird eine kontenmäßige Darstellung des Inhalts der Verordnung erwünscht sein, die ein Beispiel, das anonym in verschiedenen Fachzeitungen erschien, erweitert bzw. richtigstellt.

Es handelt sich um zwei Maschinen A und B; Maschine A wurde 1912 für ℳ 15000, B 1916 für ℳ 10000 eingekauft. Die Abschreibung soll der Einfachheit halber 10 % vom Anschaffungspreis betragen. Von Schrottwert u. ä. wird abgesehen. Nach § 2 der Verordnung können für Maschine A 600 % und für B 300 % des Kaufpreises steuerfrei zurückgestellt werden. Die Maschine A soll Ende 1922 durch eine neue gleichartige Maschine ersetzt werden.

Stand der Konten Ende 1920.

Maschinen-Konto

Soll		Haben
An Bilanz-Vortrag aus 1919 . . . . . (Maschine A)	ℳ 15000.—	
„ Bilanz-Vortrag aus 1919 . . . . . (Maschine B)	ℳ 10000.—	

Erneuerungs-Konto

Soll		Haben		
Abschreibungen bis mit 1920	Maschine A	Per Bilanz-Vortrag aus 1919	ℳ 10500.—	
		Per Unkosten-Konto .	ℳ 1500.—	ℳ 12000.—
	Maschine B	„ Bilanz-Vortrag aus 1919 . . .	ℳ 3000.—	
		Per Unkosten-Konto . .	ℳ 1000.—	ℳ 4000.—

Soll — Steuerfreies Mehrkosten-Konto — Haben

Soll		Haben	
Rückstellung für Mehrkosten	Maschine A (6 × 15000) : 3	Per Unkosten-Konto (oder Gewinn- u. Verlust-Konto)	ℳ 30000.—
	Maschine B (3 × 10000) : 7	„ dito	„ 4285.90

Abgeschrieben sind für Maschine A bis mit 1920 ℳ 12000 = 8 Raten zu ℳ 1500; die beiden weiteren Raten von je ℳ 1500 sind 1921 und 1922 abzuschreiben. Die steuerfreien Mehrkosten für Maschine A mit 600 % von ℳ 15000 = ℳ 90000 sind demnach in den Jahren 1920, 21, 22 mit je ℳ 30000 zurückzustellen, erstmalig in dem obigen Konto pro 1920. Die Rückstellung der Mehrkosten für Maschine B mit 300 % von ℳ 10000 = ℳ 30000 verteilt sich auf 1920 bis 1926, also auf sieben Jahre, so daß erstmalig auf das Jahr 1920 ℳ 4285,90 entfallen.[1])

Stand der Konten Ende 1921.

Soll — Maschinen-Konto — Haben

Soll	Haben
An Bilanz-Vortrag aus 1920 ℳ 15000.—	unverändert
„ „ „ 1920 „ 10000.—	

Soll — Erneuerungs-Konto — Haben

Soll	Haben		
	Per Bilanz-Vortrag aus 1920	ℳ 12000.—	
	Per Unkosten-Konto .	„ 1500.—	ℳ 13500.—
	„ Bilanz-Vortrag aus 1920	ℳ 4000.—	
	Per Unkosten-Konto .	„ 1000.—	„ 5000.—

[1]) Das erwähnte Beispiel nimmt irrtümlich 2 bzw. 6 Jahre Verteilung an.

Soll		Steuerfreies Mehrkosten-Konto		Haben
		Per Bilanz-Vortrag aus 1920	ℳ 30000.—	
		Per Unkosten-Konto .	„ 30000.—	ℳ 60000.—
		„ Bilanz-Vortrag aus 1920	ℳ 4285.90	
		Per Unkosten-Konto .	„ 4285.90	ℳ 8571.80

Stand der Konten Ende 1922.

Soll	Maschinen-Konto		Haben
An Bilanz-Vortrag aus 1921	ℳ 15000.—	Per Erneuerungs-Konto, Übertrag zum Ausgleich	ℳ 15000.—
„ Bilanz-Vortrag aus 1921	„ 10000.—	„ Mehrkosten-Konto, Übertrag der Rückstellung	„ 90000.—
„ Kassa-Konto, Zugang einer neuen Maschine	„ 225000.—		

Soll		Erneuerungs-Konto		Haben
An Maschinen-Konto, Übertrag zum Ausgleich .	ℳ 15000.—	Per Bilanz-Vortrag aus 1921	ℳ 13500.—	
		Per Unkosten-Konto . .	„ 1500.—	ℳ 15000.—
		Per Bilanz-Vortrag aus 1921 . .	ℳ 5000.—	
		Per Unkosten-Konto . .	„ 1000.—	„ 6000.—

Soll		Steuerfreies Mehrkosten-Konto		Haben
An Maschinen-Konto, Übertrag der Rückstellung	ℳ 90000.—	Per Bilanz-Vortrag aus 1921 . .	ℳ 60000.—	
		Per Unkosten-Konto . .	„ 30000.—	ℳ 90000.—
		Per Bilanz-Vortrag aus 1921 . .	ℳ 8571.80	
		Per Unkosten-Konto . .	„ 4285.90	„ 12857.70

Die Maschine A wurde Ende 1922 durch eine neue Maschine zum Einkaufspreis von ℳ 225000 ersetzt. Als Mehrkosten über den (dauernden) gemeinen Wert hinaus gelten hiervon nach § 8 der Verordnung 40 % = ℳ 90000. Das Beispiel war so gewählt, daß dieser Betrag auf Mehrkosten-Konto genau angesammelt war. Würde die neue Maschine ℳ 300000 kosten, so bliebe in der vorstehenden Aufstellung pro 1922 das Erneuerungs-Konto unverändert, dagegen würden Maschinen-Konto und Mehrkosten-Konto so lauten:

Maschinen-Konto 1922

Soll		Haben	
An Bilanz-Vortrag aus 1921	ℳ 15000.—	Per Erneuerungs-Konto, Übertrag zum Ausgleich	ℳ 15000.—
An Bilanz-Vortrag aus 1921	„ 10000.—	Per Mehrkosten-Konto, Übertrag der Rückstellung	„ 102857.70
An Kassa-Konto, Zugang einer neuen Maschine	„ 300000.—	Per Unkosten-Konto, für Werbungskosten § 33a (40 % = ℳ 120000.— davon gedeckt „ 102857.70)	„ 17142.30

Mithin Buchwert der Maschine A = (ℳ 300000 + 15000) — (ℳ 15000 + 102857.70 + 17142.30) = ℳ 180000.—.

Mehrkosten-Konto 1922

Soll		Haben		
An Maschinen-Konto, Übertrag der Rückstellung	ℳ 102857.70	Per Bilanz-Vortrag aus 1921 . .	ℳ 60000.—	
		Per Unkosten-Konto .	„ 30000.—	ℳ 90000.—
		Per Bilanz-Vortrag aus 1921 . .	ℳ 8571.80	
		Per Unkosten-Konto .	„ 4285,90	„ 12857.70
	ℳ 102857.70			ℳ 102857.70

Es wird also auch der für Maschine B rückgestellte Betrag mit aufgezehrt, was nach der Verordnung durchaus zulässig ist.

Sachregister.

(Die Zahlen bedeuten die Seiten).

Druck von Dr. F. P. Datterer & Cie., Freising-München.

FSC
www.fsc.org
MIX
Papier | Fördert gute Waldnutzung
FSC® C083411

Kolibri 360 GmbH
Ferdinand-Jühlke-Straße 7
99095 Erfurt, Deutschland
produktsicherheit@kolibri360.de